STEP 1

손으로 생각하는 사고력 수학 시리즈

챌린지 CHALLENGE

3D큐브

몬스터매스 챌린지의 활용법

1. 3D큐브를 활용하여 수학의 5대 영역(수와 연산, 도형, 측정, 자료와 가능성, 규칙성)의 내용을 골고루 학습합니다.

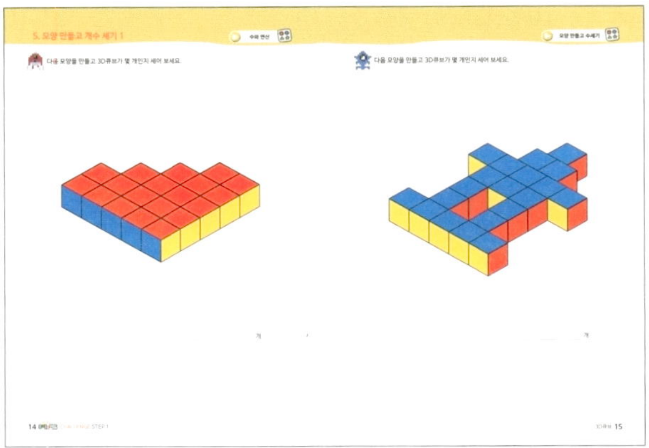

2. 3D큐브의 수학적 의미에 대한 스토리는 아이들에게 흥미를 이끌어내도록 합니다.

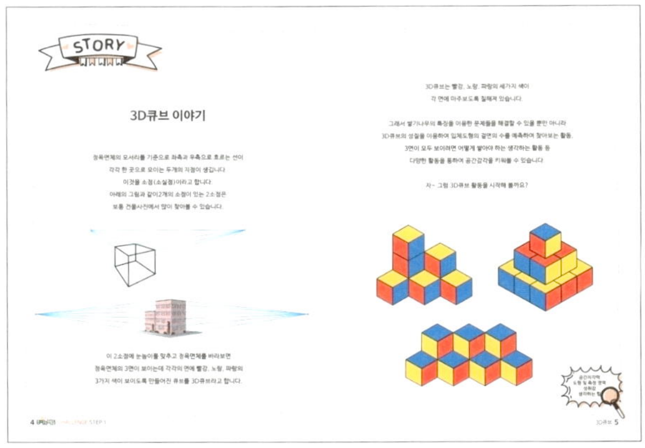

3. 아이들의 흥미를 위해 놓아보기( ), 색칠하기( ), 연필로 그려보기( ) 등 다양하게 활동하도록 합니다.

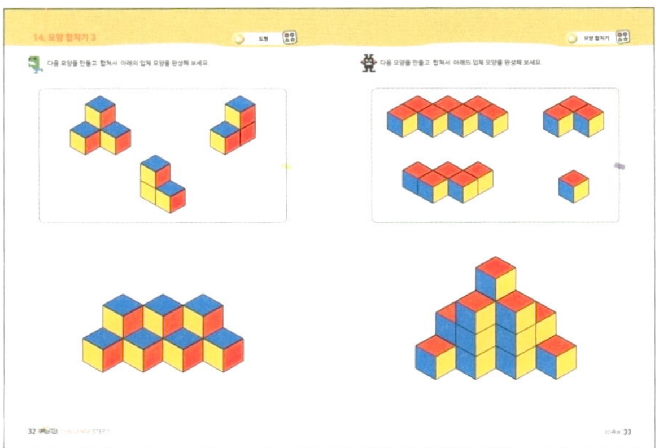

4. 티칭 가이드를 통해 주제에 따른 학습 내용과 지도에 대한 팁을 활용합니다.

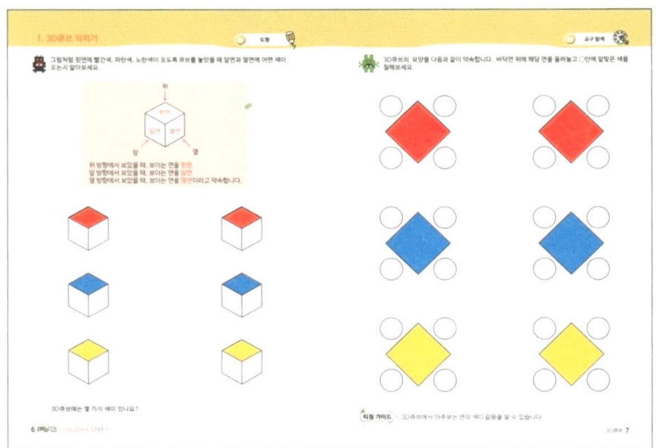

학습효과

1. 수학의 5대 영역에 대하여 폭넓게 익히고, 경험할 수 있습니다.
2. 특히 영재성의 기본인 공간지각력을 키우고, 공간 구조를 익힐 수 있습니다.
3. 어려운 문제를 해결해냄으로써 성취감을 높여줍니다.
4. 문제 해결을 위한 전략적인 사고는 생각하는 힘을 길러줍니다.

CONTENTS

4 0. 스토리
6 1. 3D큐브 익히기
8 2. 모양 합치기 1
10 3. 큐브 더하기
12 4. 모양 합치기 2
14 5. 모양 만들고 개수 세기 1
16 6. 모양 만들고 개수 세기 2
18 7. 규칙적인 모양
20 8. 큐브 굴리기 1
22 9. 큐브 굴리기 2
24 10. 위, 앞, 옆에서 본 모양 1
26 11. 조건에 맞게 놓기
28 12. 위에서 본 모양 1
30 13. 큐브 개수 세기
32 14. 모양 합치기 3
34 15. 위, 앞, 옆에서 본 모양 2
36 16. 위에서 본 모양 2
38 17. 겉면의 색의 개수 1
40 18. 겉면의 색의 개수 2
42 19. 색배열퍼즐 1
44 20. 색배열퍼즐 2

46 정답

너무 재미있겠다~
빨리 빨리
시작해요~

STORY

3D큐브 이야기

정육면체의 모서리를 기준으로 좌측과 우측으로 흐르는 선이
각각 한 곳으로 모이는 두개의 지점이 생깁니다.
이것을 소점(소실점)이라고 합니다.
아래의 그림과 같이 2개의 소점이 있는 2소점은
보통 건물사진에서 많이 찾아볼 수 있습니다.

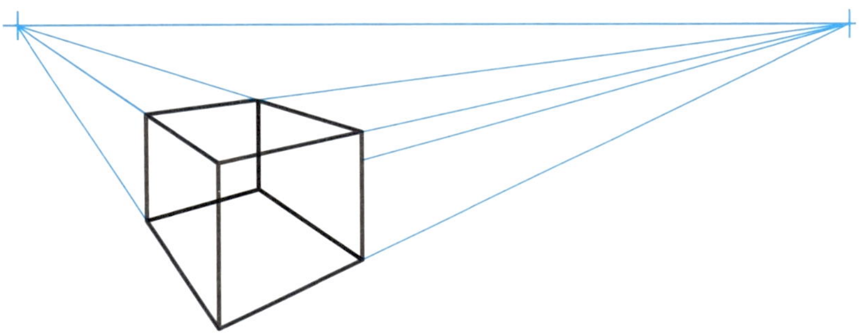

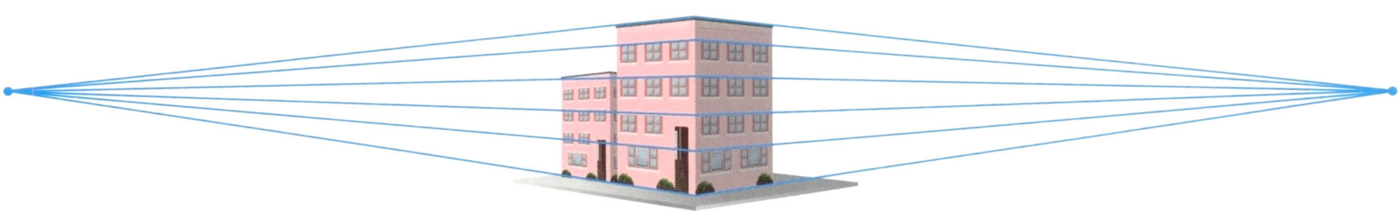

이 2소점에 눈높이를 맞추고 정육면체를 바라보면
정육면체의 3면이 보이는데 각각의 면에 빨강, 노랑, 파랑의
3가지 색이 보이도록 만들어진 큐브를 3D큐브라고 합니다.

3D큐브는 빨강, 노랑, 파랑의 세가지 색이
각 면에 마주보도록 칠해져 있습니다.

그래서 쌓기나무의 특징을 이용한 문제들을 해결할 수 있을 뿐만 아니라
3D큐브의 성질을 이용하여 입체도형의 겉면의 수를 예측하여 찾아보는 활동,
3면이 모두 보이려면 어떻게 쌓아야 하는지 생각하는 활동 등
다양한 활동을 통하여 공간감각을 키워볼 수 있습니다.

자~ 그럼 3D큐브 활동을 시작해 볼까요?

1. 3D큐브 익히기

도형

그림처럼 윗면에 빨간색, 파란색, 노란색이 오도록 큐브를 놓았을 때 앞면과 옆면에 어떤 색이 오는지 알아보세요.

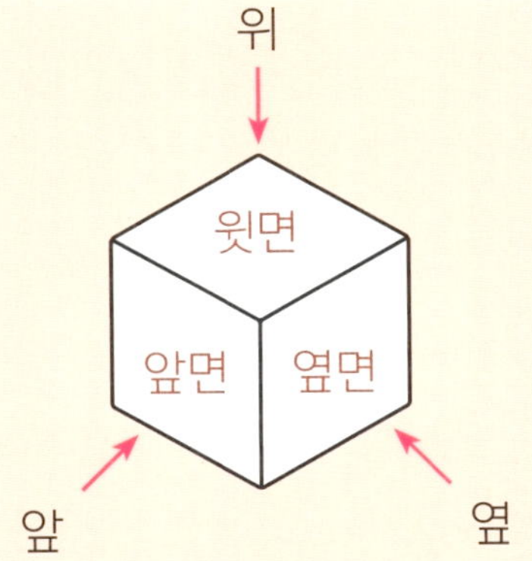

위 방향에서 보았을 때, 보이는 면을 윗면
앞 방향에서 보았을 때, 보이는 면을 앞면
옆 방향에서 보았을 때, 보이는 면을 옆면이라고 약속합니다.

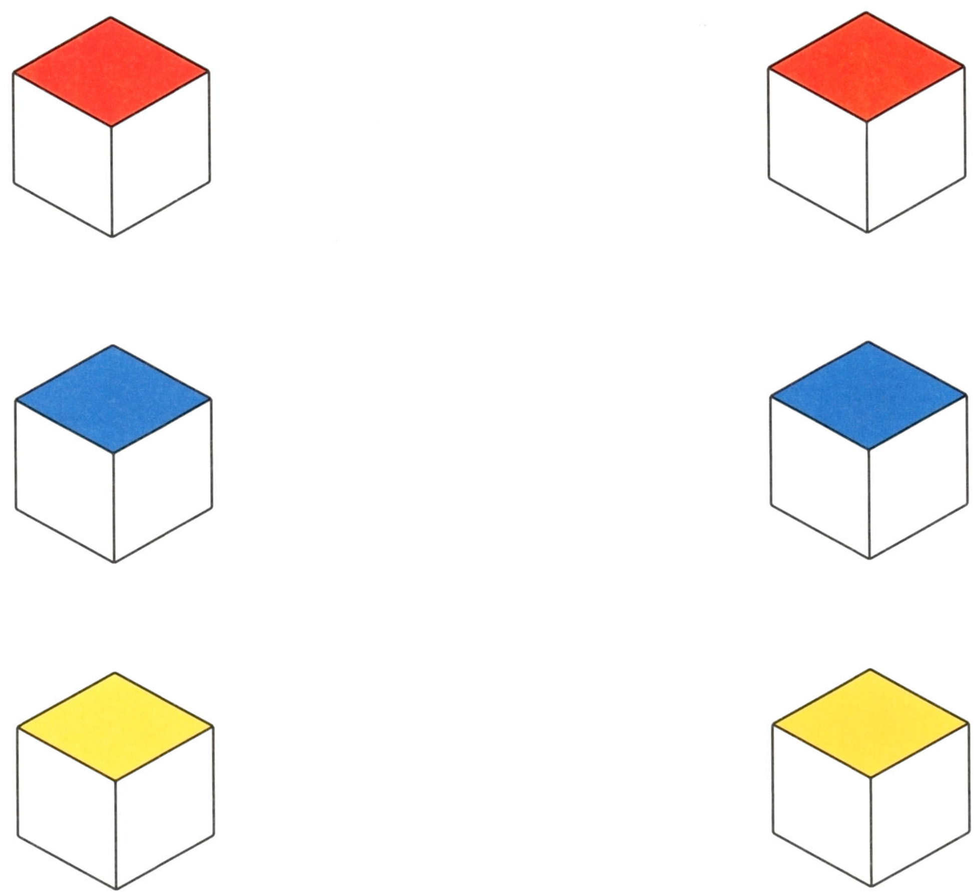

3D큐브에는 몇 가지 색이 있나요?

3D큐브의 모양을 다음과 같이 약속합니다. 바닥면 위에 해당 면을 올려놓고 ○안에 알맞은 색을 칠해보세요.

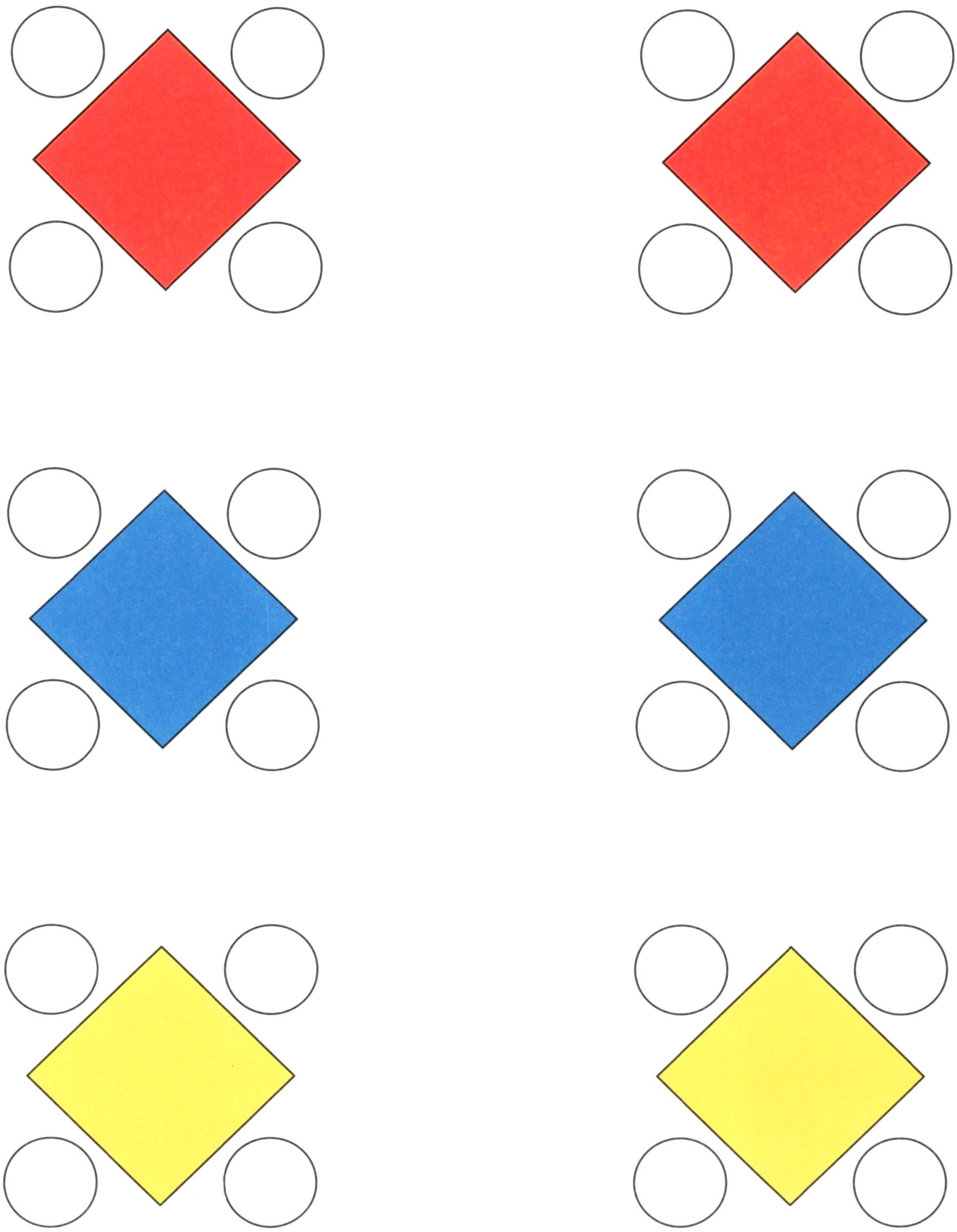

티칭 가이드 3D큐브에서 마주보는 면의 색이 같음을 알 수 있습니다.

다음 모양을 만들고 1층, 2층, 3층을 정해본 후 아래의 입체 모양을 완성해 보세요.

______ 층 ______ 층 ______ 층

다음 모양을 만들고 합쳐서 아래의 입체 모양을 완성해 보세요.

보기와 같이 왼쪽 모양에 큐브를 1개 더 붙여서 오른쪽 모양을 만들었습니다. 오른쪽 모양에서 1개 더 붙인 큐브에 ○하세요. (단, 보이지 않는 곳에는 숨겨진 큐브가 없다고 생각합니다.)

보기

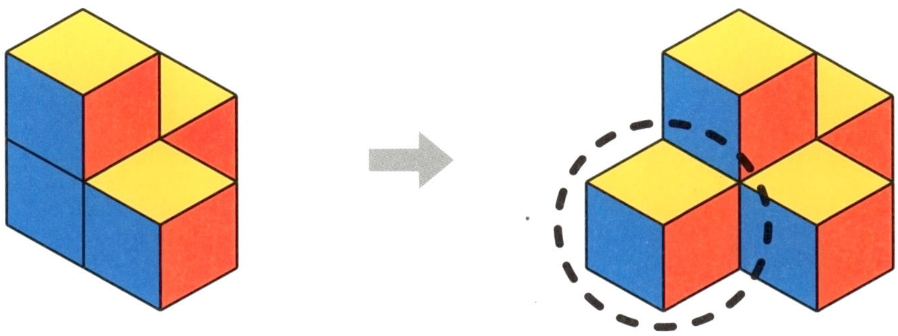

1)

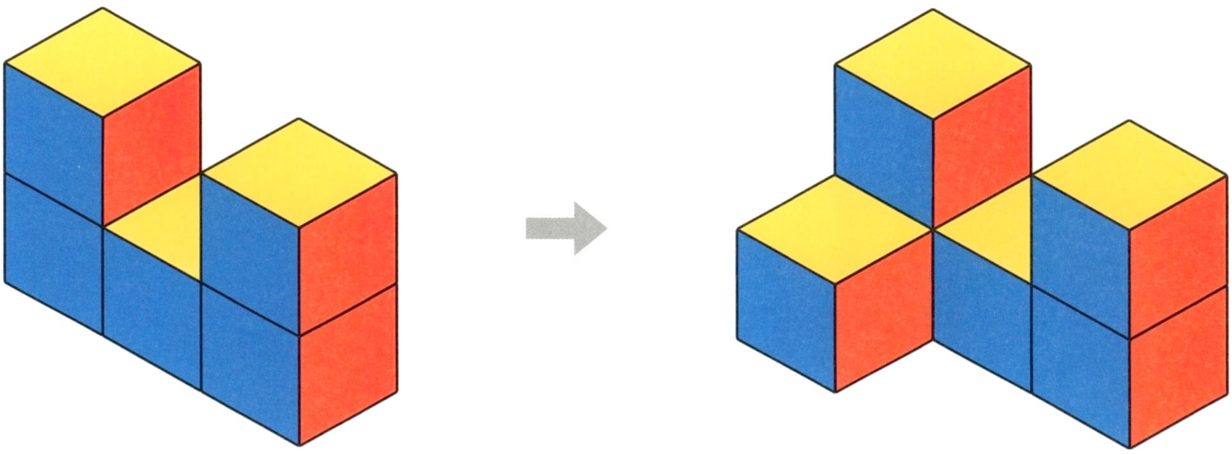

2)

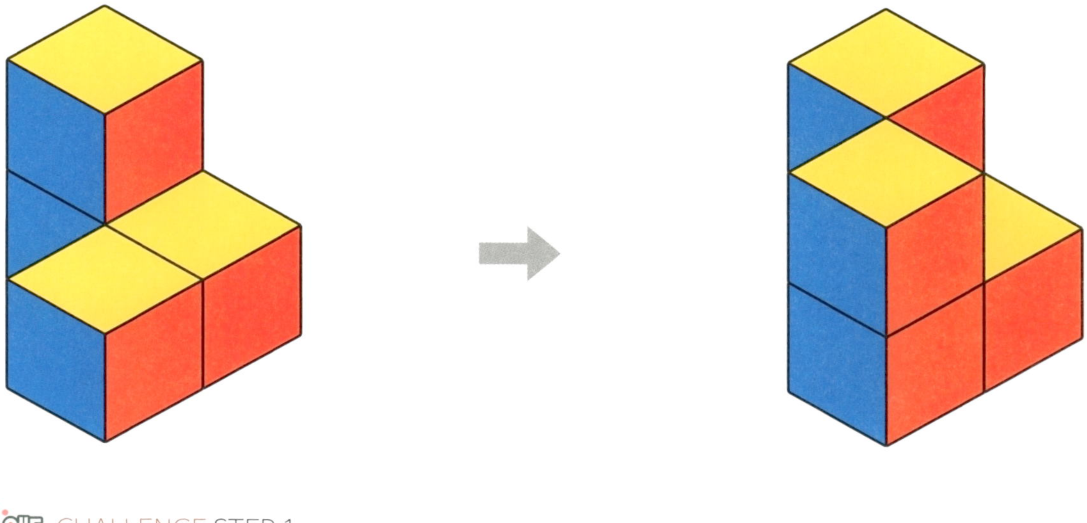

3)

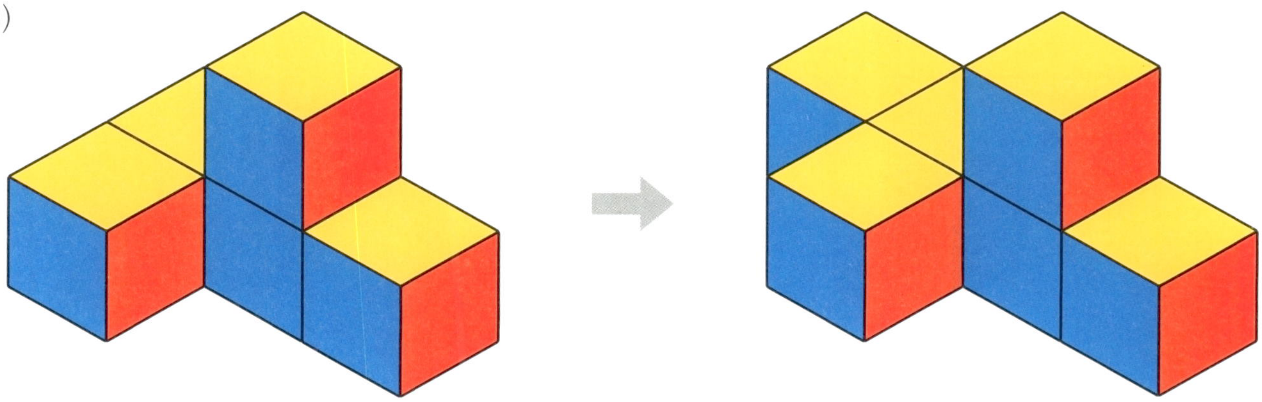

4)

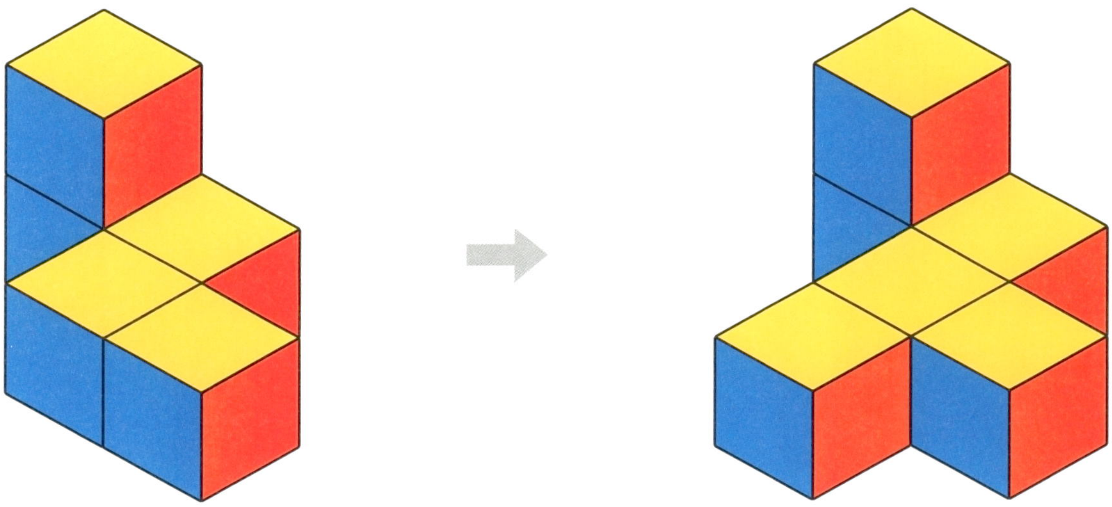

5)

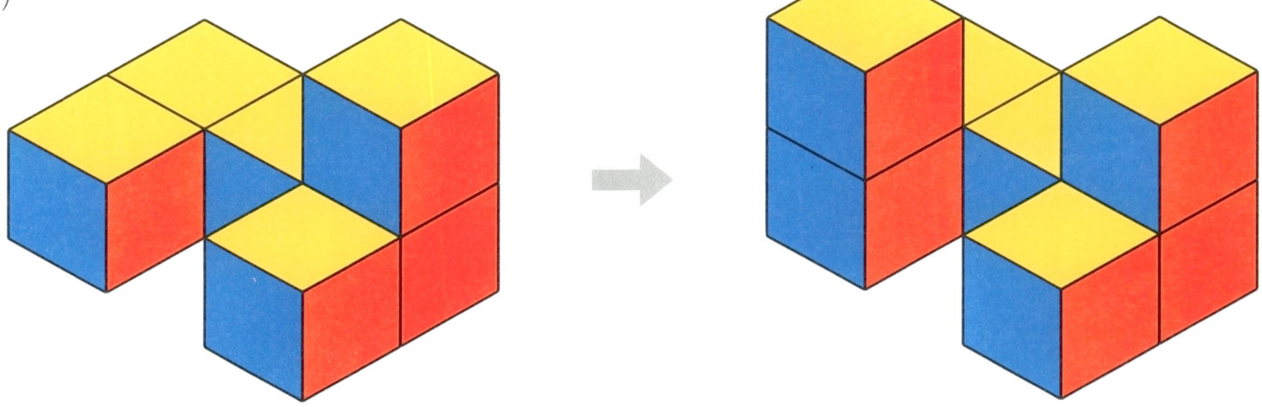

다음 모양을 만들고 1층, 2층, 3층을 정해본 후 아래의 입체 모양을 완성해 보세요.

__________ 층

__________ 층

__________ 층

다음 모양을 만들고 합쳐서 아래의 입체 모양을 완성해 보세요.

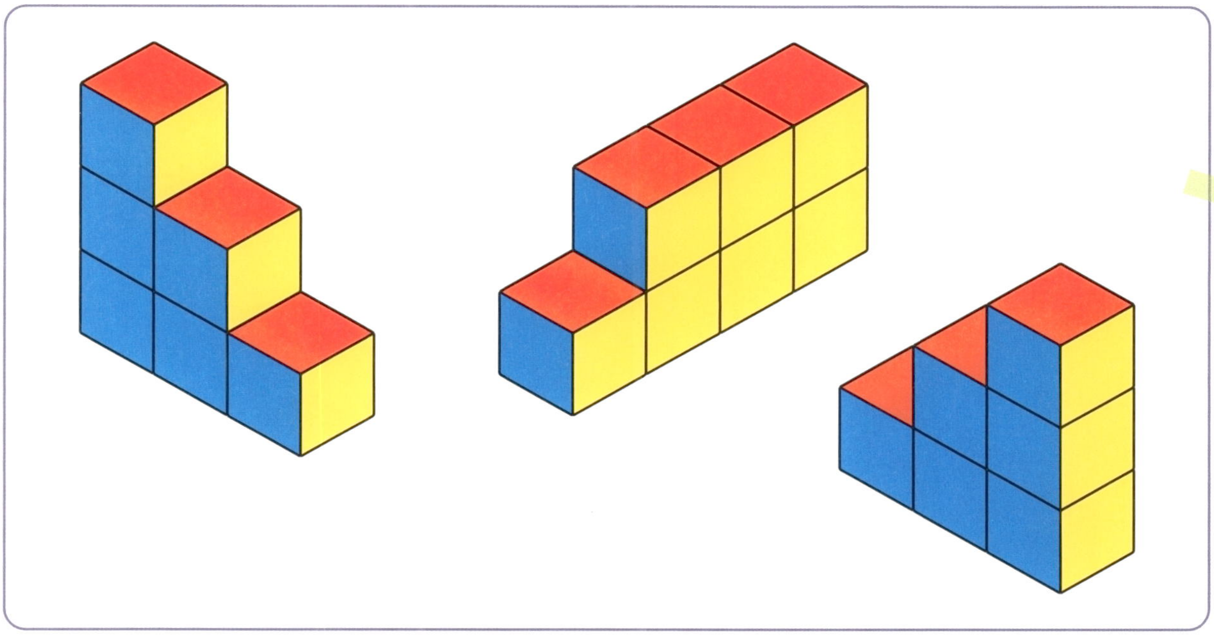

다음 모양을 만들고 3D큐브가 몇 개인지 세어보세요.

_______________ 개

다음 모양을 만들고 3D큐브가 몇 개인지 세어보세요.

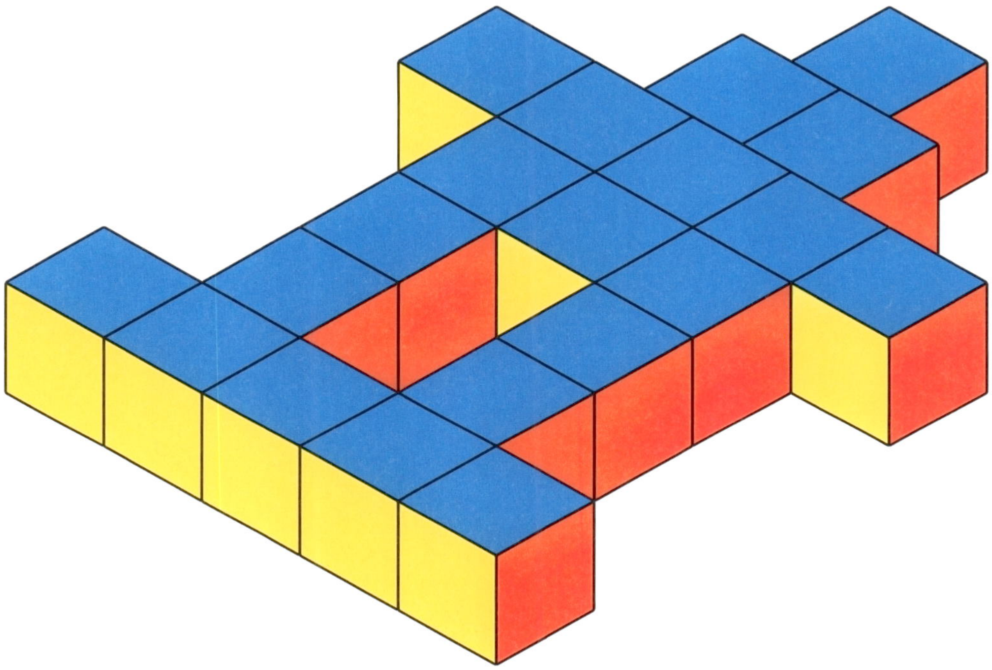

________ 개

6. 모양 만들고 개수 세기 2

다음 모양을 만들고 3D큐브가 몇 개인지 세어보세요.

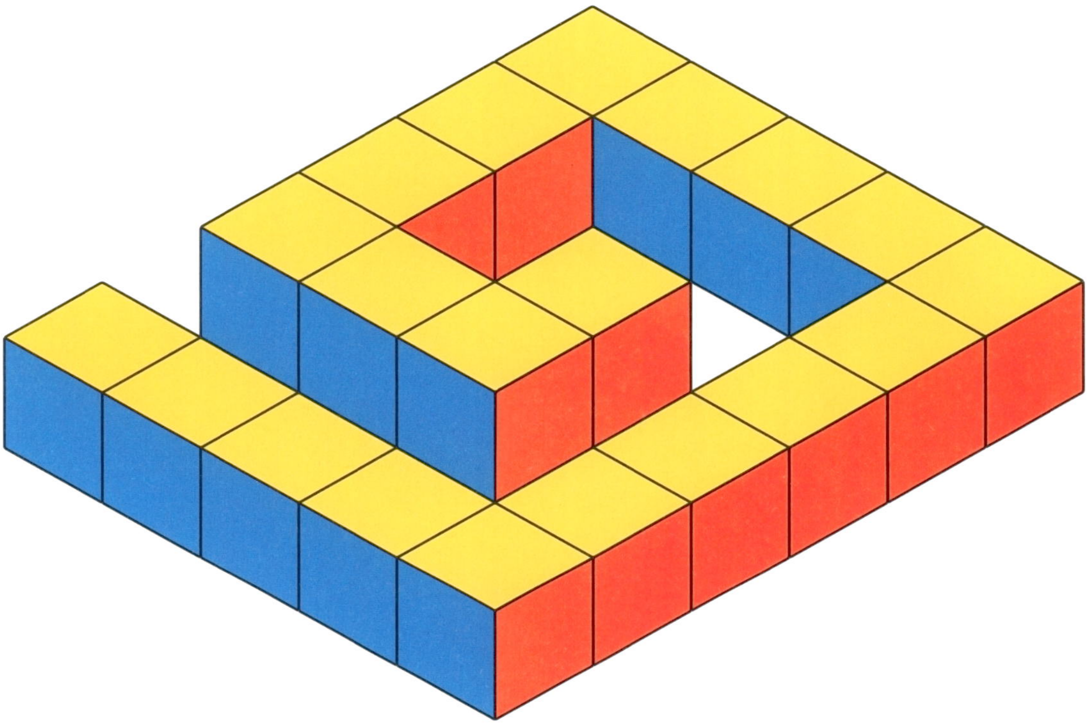

__________ 개

다음 모양을 만들고 3D큐브가 몇 개인지 세어보세요.

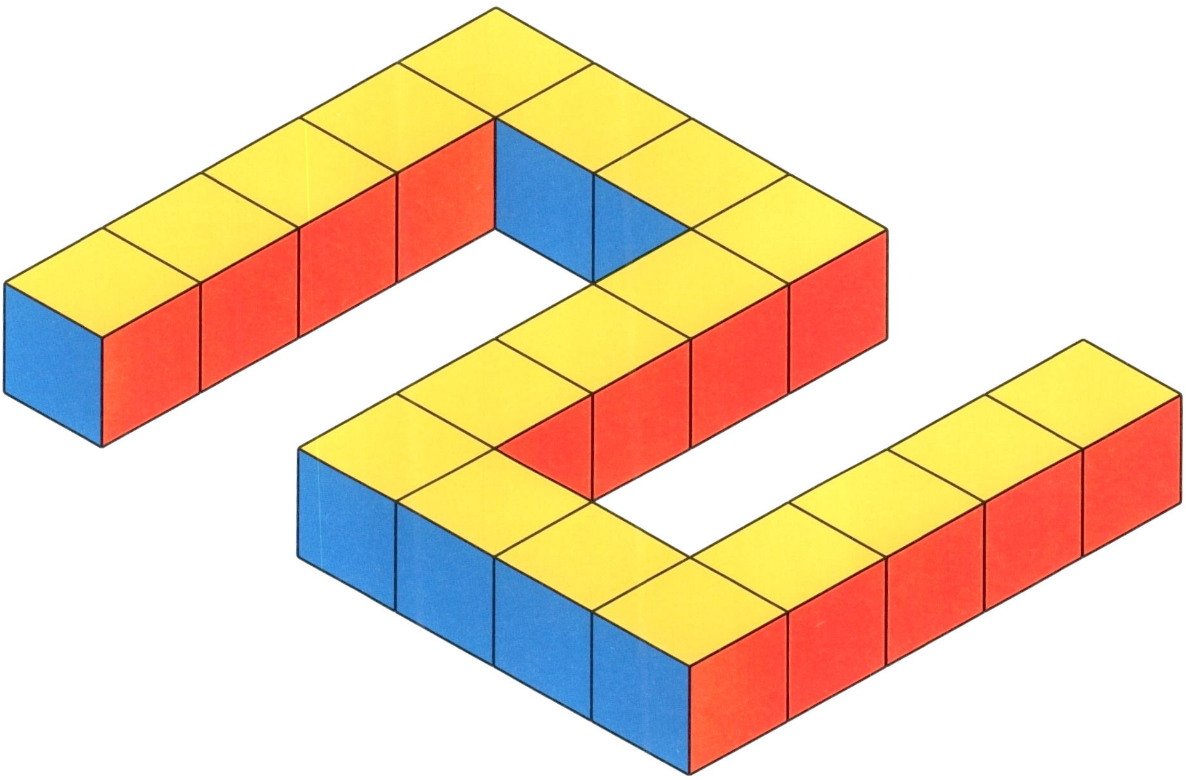

______ 개

7. 규칙적인 모양

도형

다음 모양대로 쌓고 빈 곳에 올 모양을 만들어 보세요.

1)

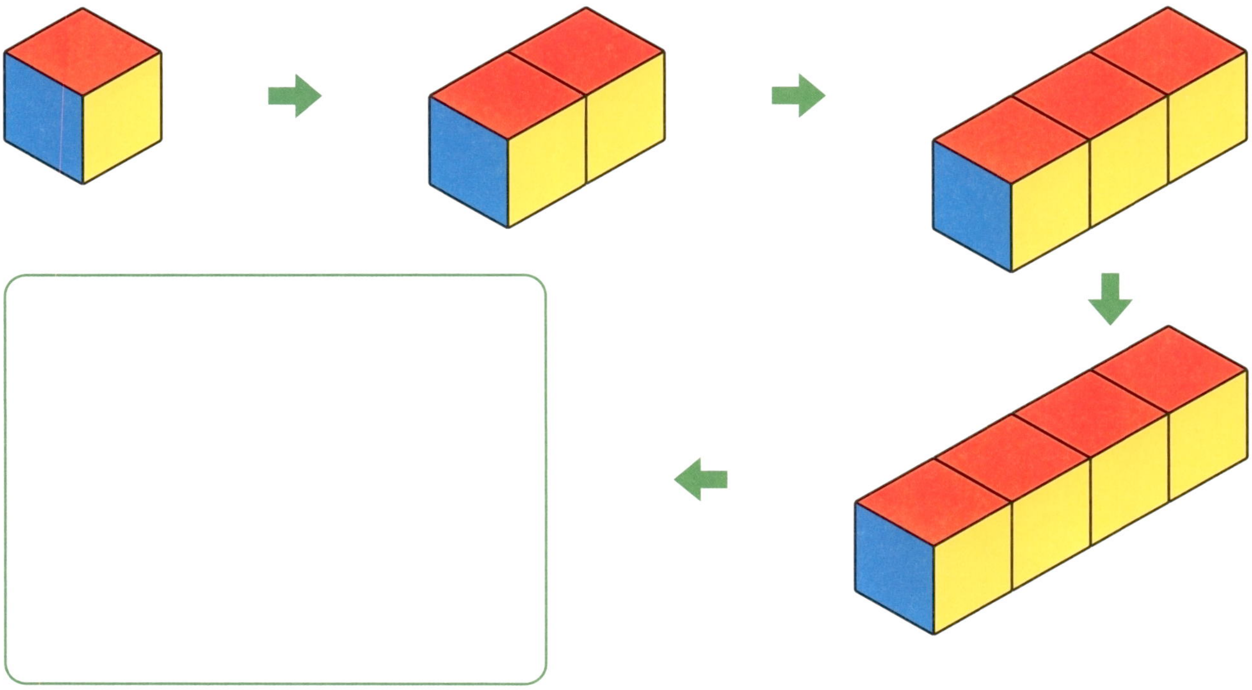

2)

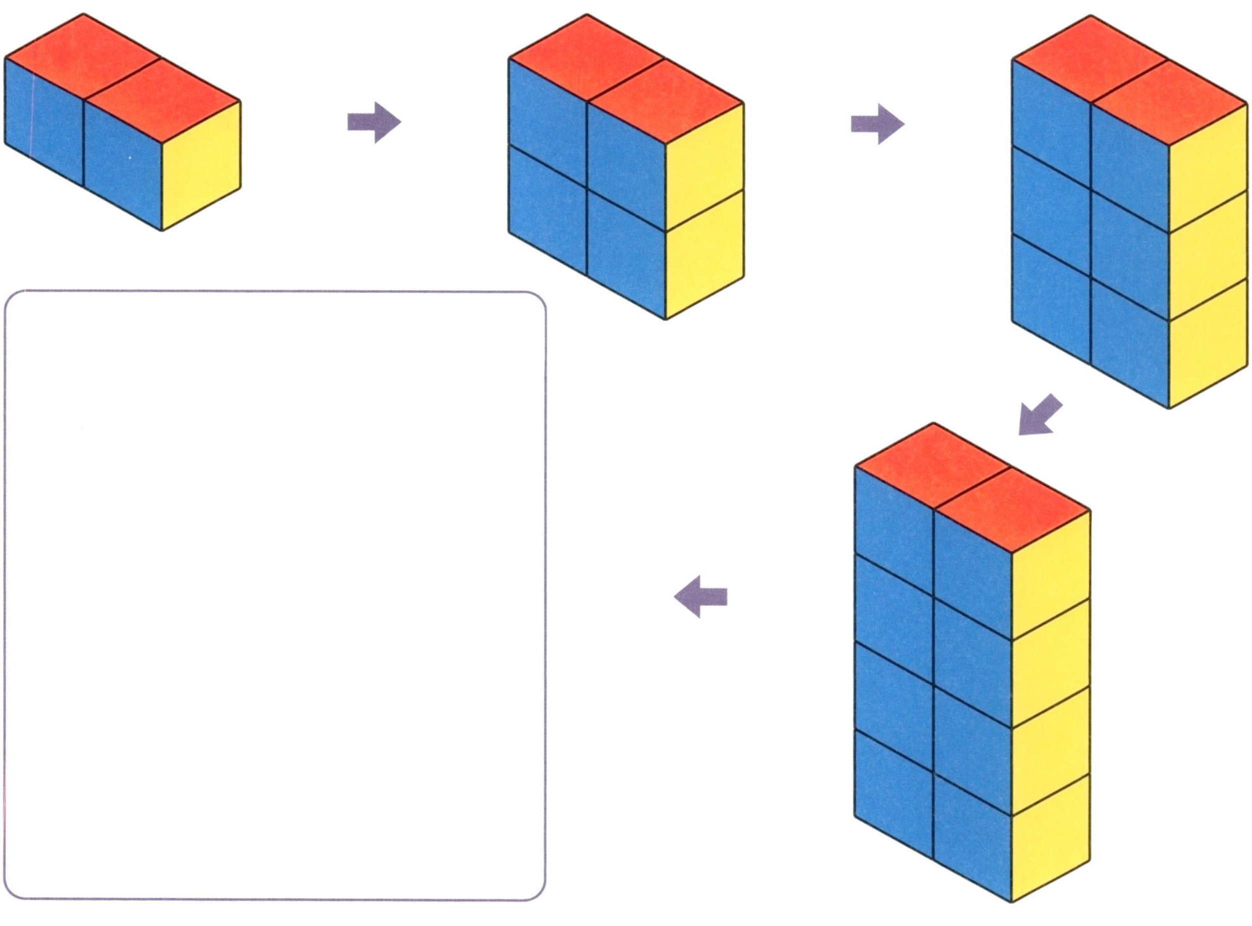

3)

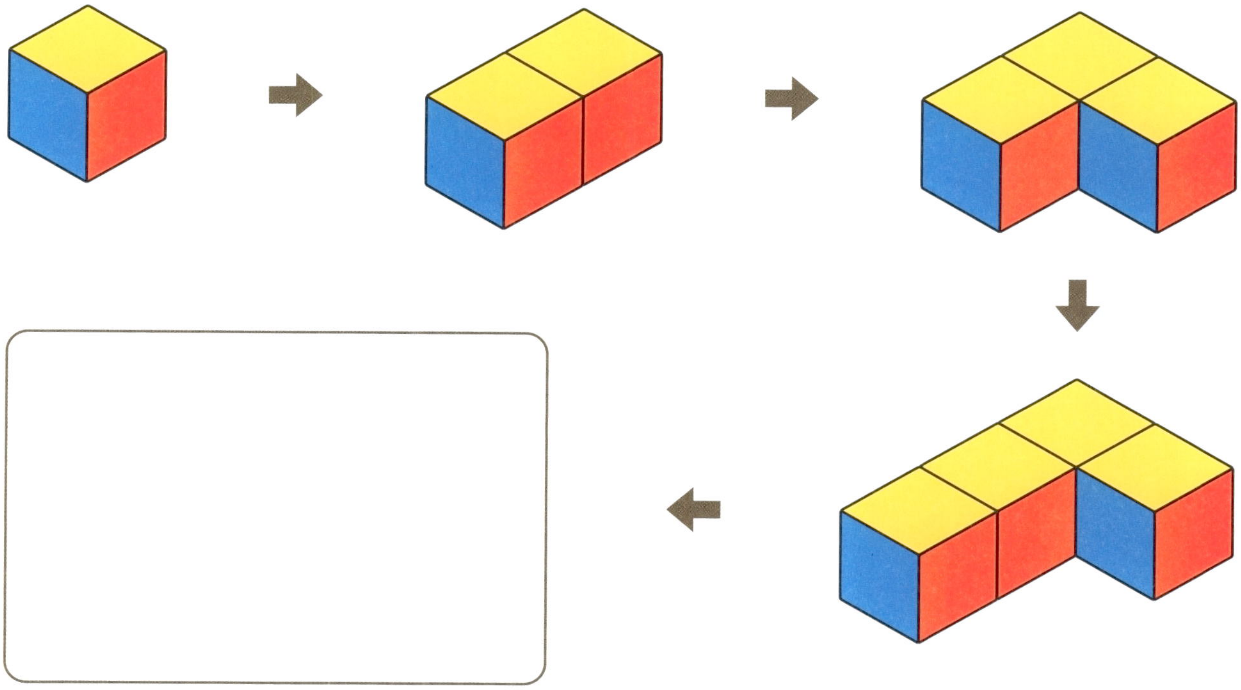

4)

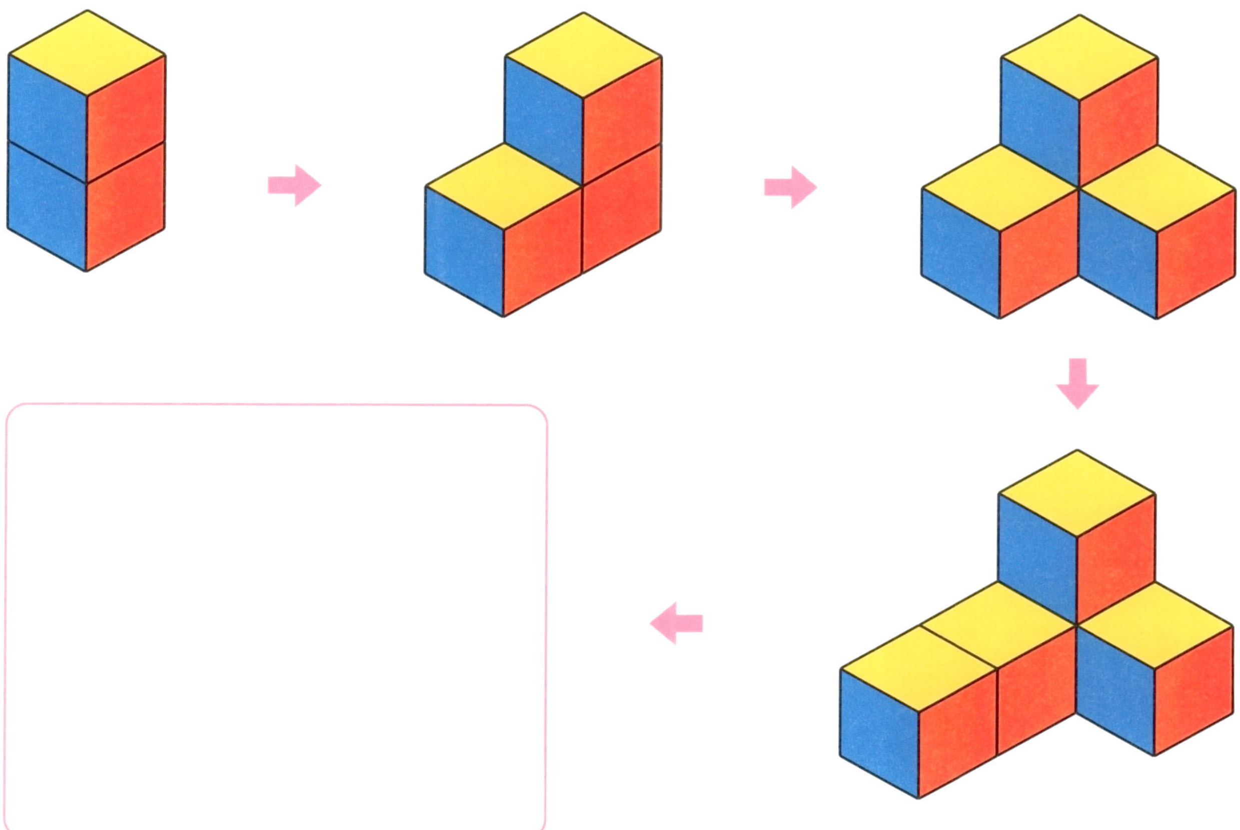

티칭 가이드 어떤 규칙으로 쌓았는지 이야기를 나눠보세요.

8. 큐브 굴리기 1

규칙성

다음 방법대로 큐브를 굴리고, 바닥면의 색의 규칙을 알아보세요.

방법

1. 큐브 1개를 보기처럼 놓습니다.
2. 큐브를 오른쪽 옆으로 굴렸을 때 바닥면을 색칠합니다.
3. 어떤 규칙인지 이야기해 보세요.

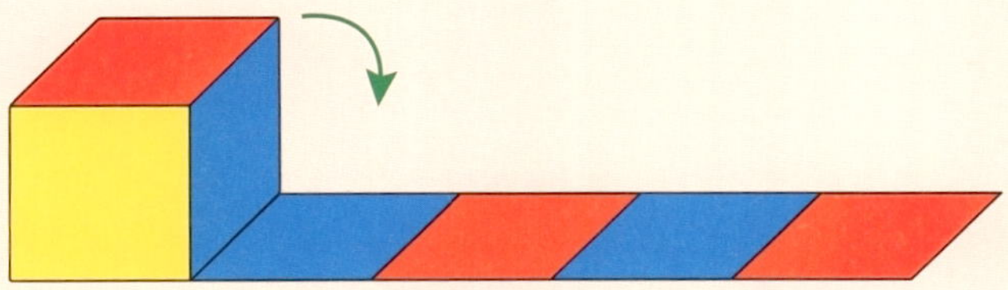

파랑 - 빨강이 반복되요.

오른쪽으로 굴리기

놓기				

오른쪽으로 굴리기

놓기				

다음 방법대로 큐브를 굴리고, 바닥면의 색의 규칙을 알아보세요.

앞으로 굴리기

놓기

앞으로 굴리기

놓기

앞으로 굴리기

놓기

티칭 가이드 규칙을 말로 이야기하고 써보는 연습을 합니다.

9. 큐브 굴리기 2

규칙성

다음 방법대로 큐브를 굴리고, 바닥면의 색의 규칙을 알아보세요.

오른쪽 또는 앞으로 굴리기

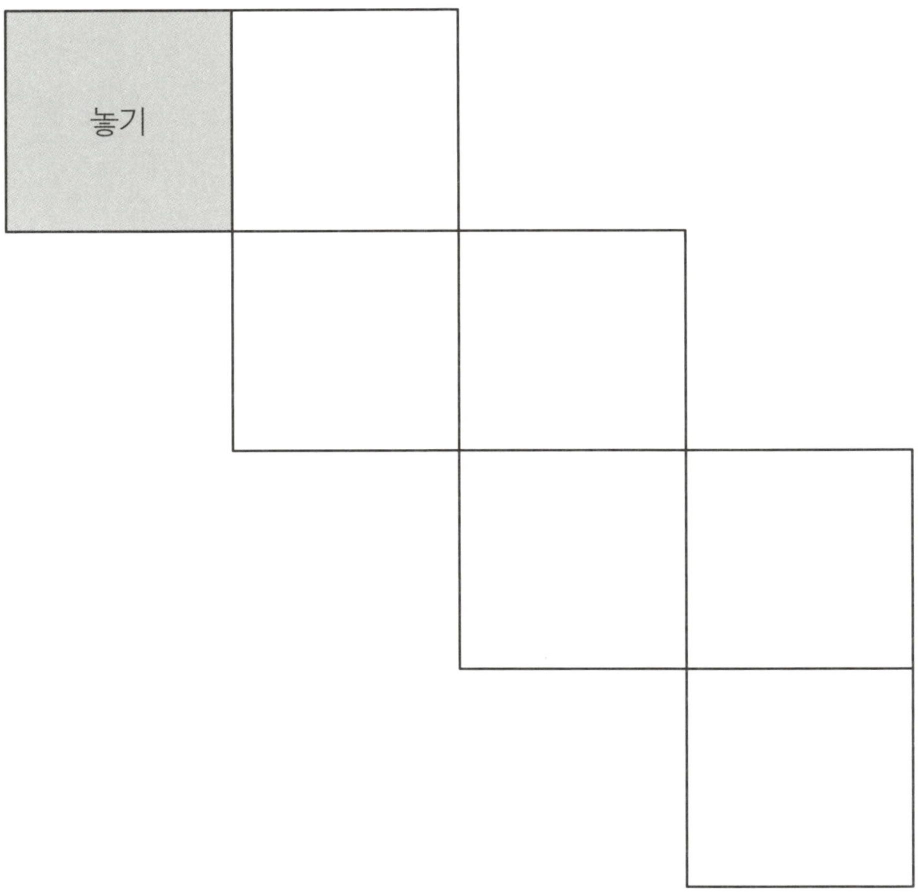

다음 방법대로 큐브를 굴리고, 바닥면의 색의 규칙을 알아보세요.

앞 또는 오른쪽으로 굴리기

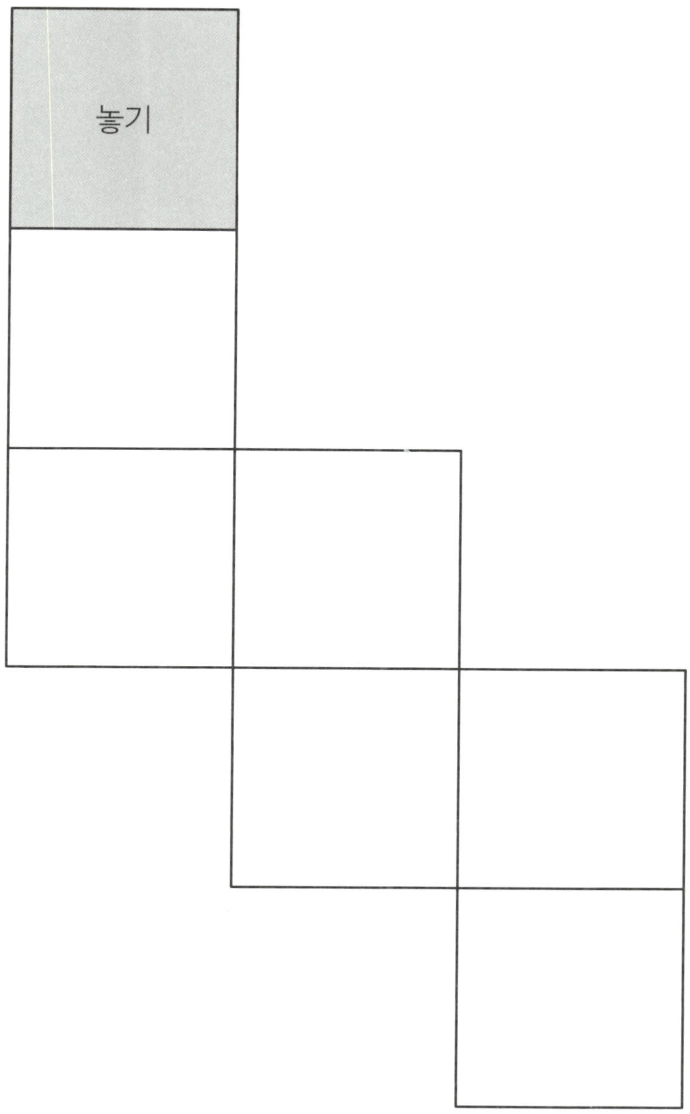

10. 위, 앞, 옆에서 본 모양 1

다음과 같이 위, 앞, 옆에서 본 모양을 약속합니다. 입체 모양을 만들고 위, 앞, 옆에서 본 모양을 찾아보세요.

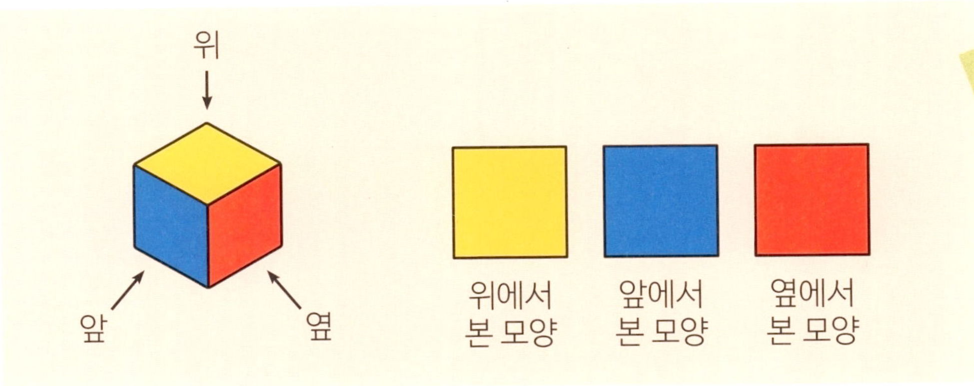

위에서 본 모양	앞에서 본 모양	옆에서 본 모양

위에서 본 모양	앞에서 본 모양	옆에서 본 모양

위에서 본 모양	앞에서 본 모양	옆에서 본 모양

위에서 본 모양	앞에서 본 모양	옆에서 본 모양

①
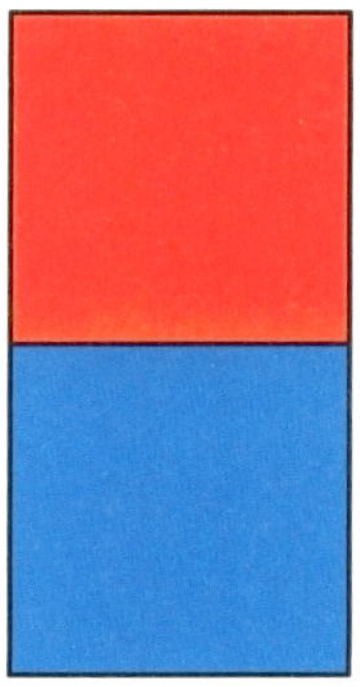

②

③

⑤

④
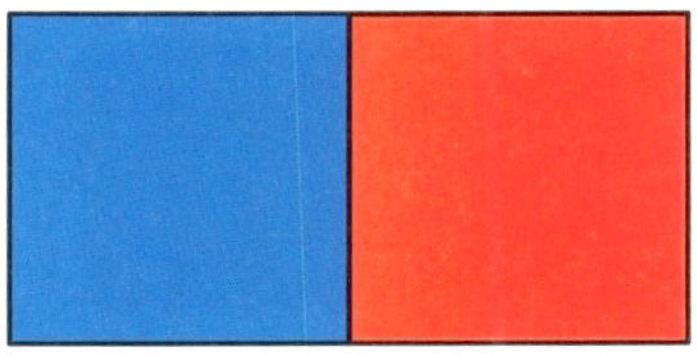

⑥

⑦

⑧

⑨

⑩
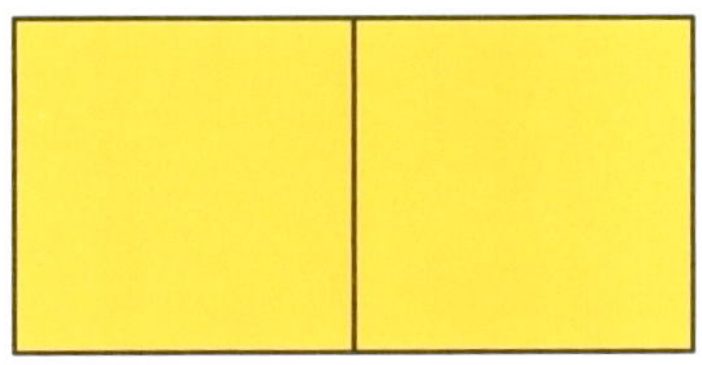

⑪
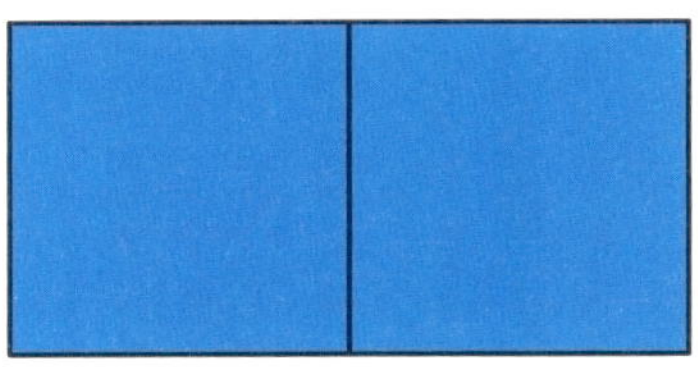

11. 조건에 맞게 놓기

다음 조건에 맞게 놓아보고, 색칠해 보세요.

조건

앞에서 보았을 때의 색이 모두 같도록 놓습니다.

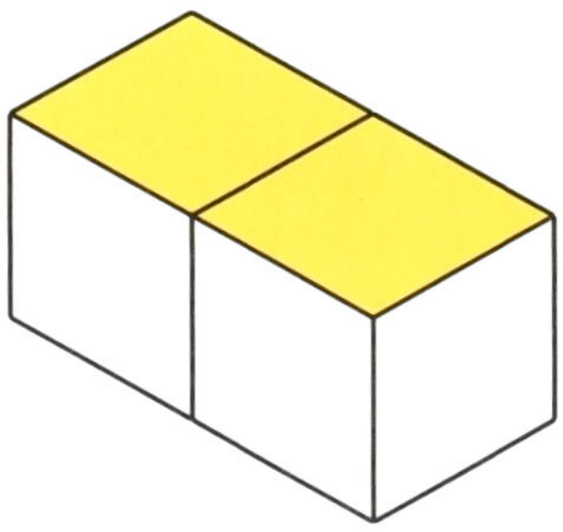
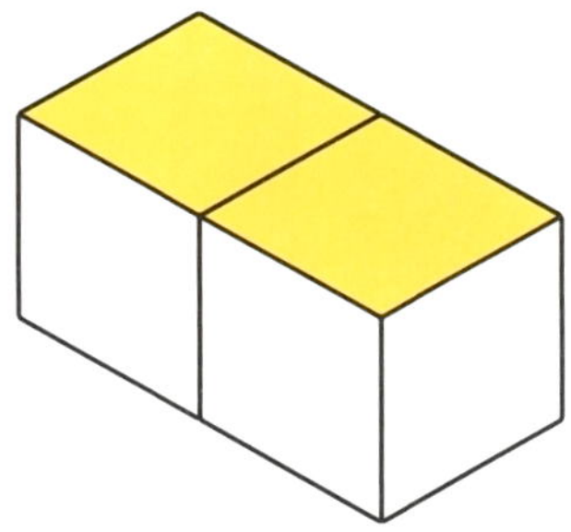
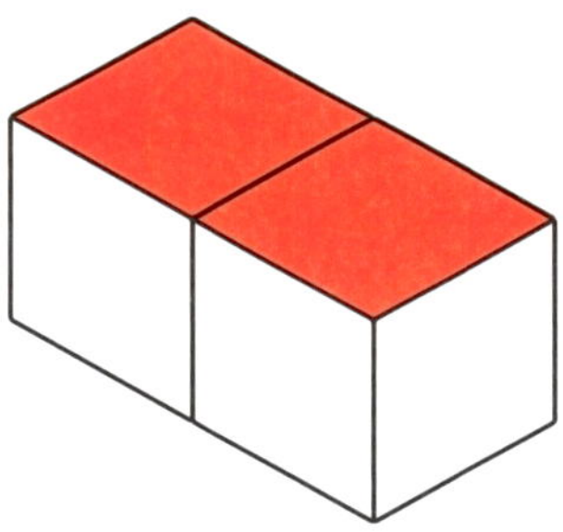
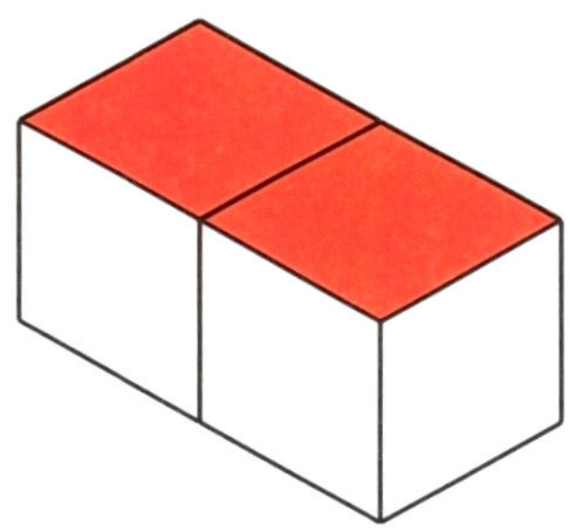
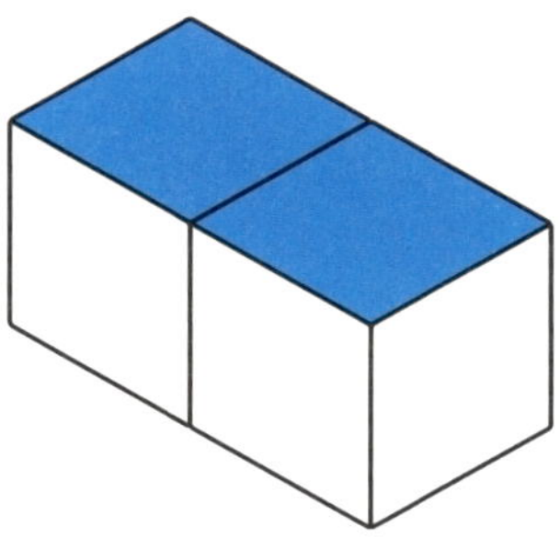
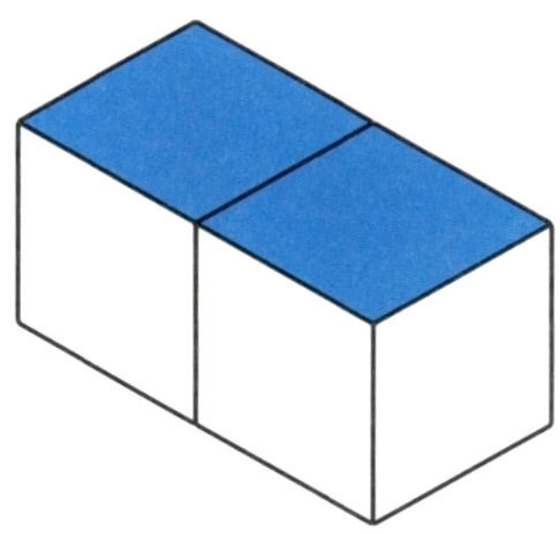

다음 조건에 맞게 놓아보고, 색칠해 보세요.

조건

위에서 본 색은 다음과 같습니다.
앞에서 보았을 때의 색이 모두 같도록 놓습니다.

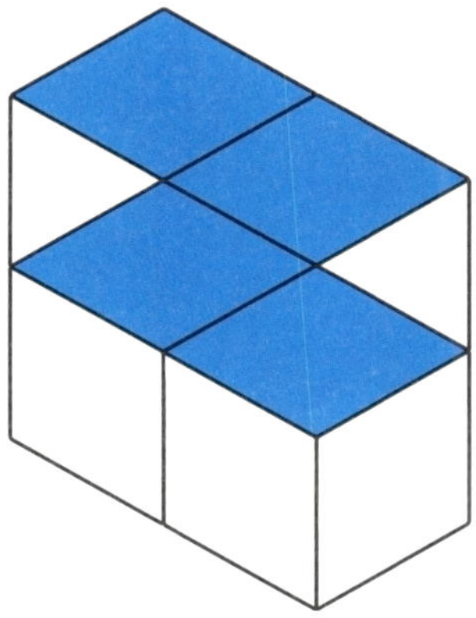

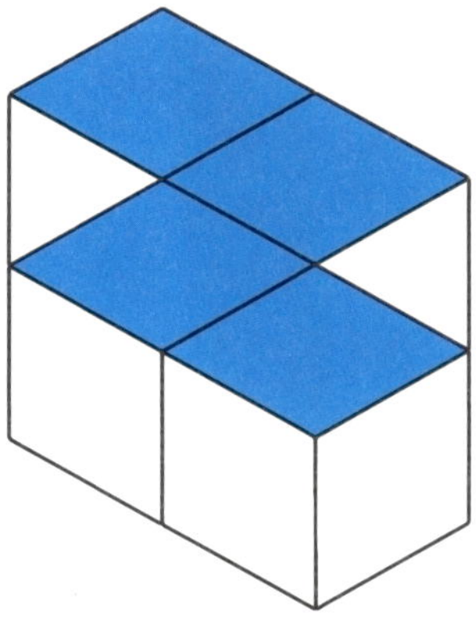

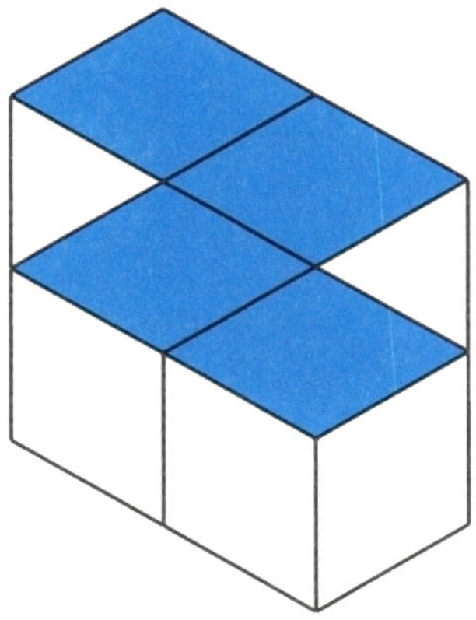

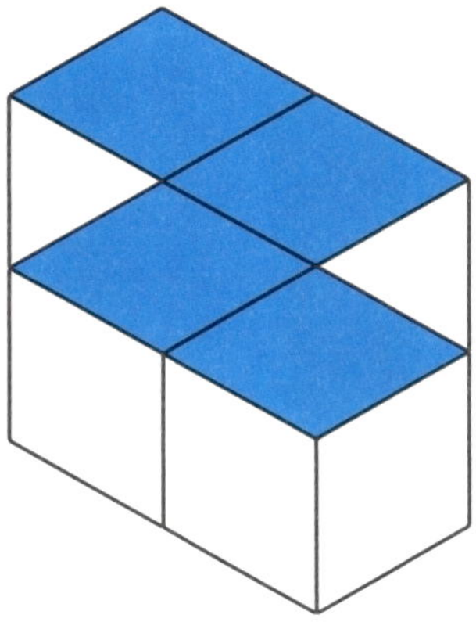

12. 위에서 본 모양 1

층별로 쌓아 입체 모양을 만들고 위에서 본 모양을 색칠해 보세요.

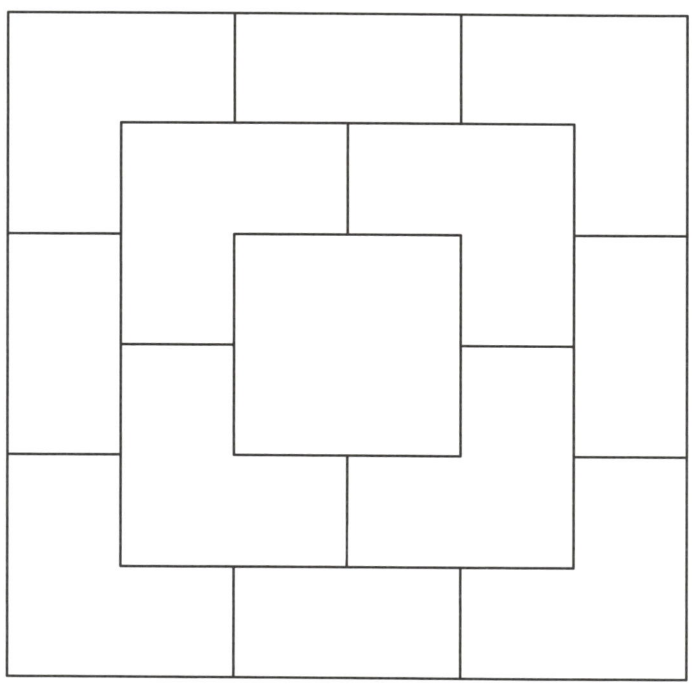

층별로 쌓아 입체 모양을 만들고 위에서 본 모양을 색칠해 보세요.

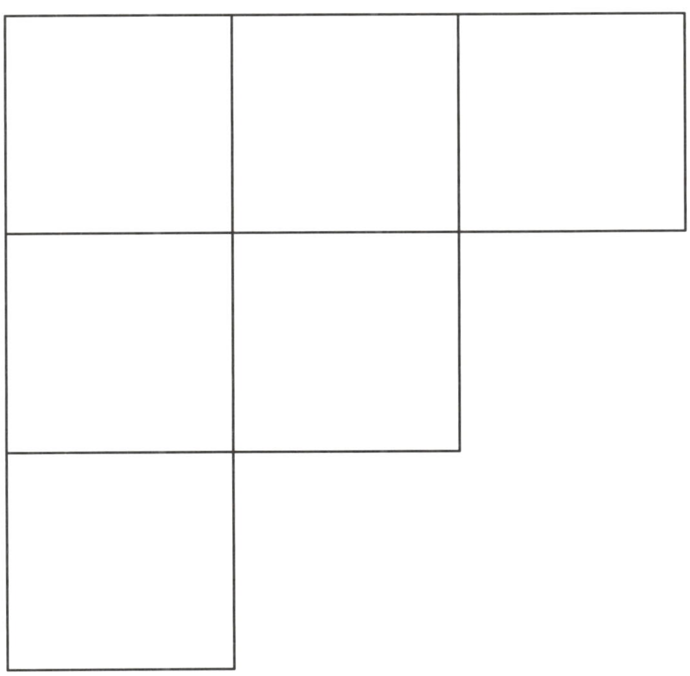

13. 큐브 개수 세기

다음 입체 모양을 큐브 몇 개로 만들었는지 세어보세요.

보기

〈위에서 본 모양〉

2	1

〈큐브의 개수〉

3개

1)

〈위에서 본 모양〉

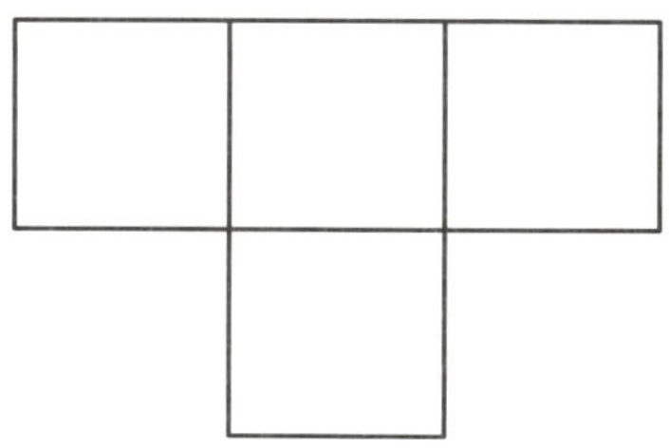

〈큐브의 개수〉

2)

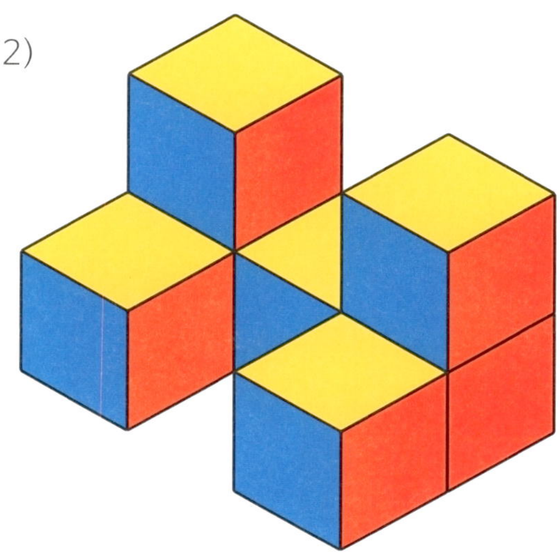

〈위에서 본 모양〉

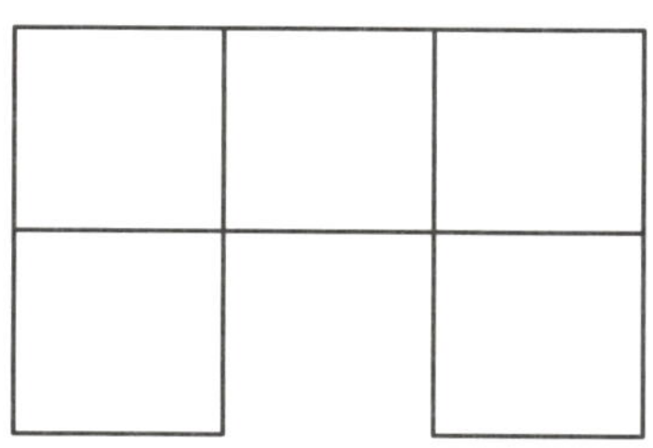

〈큐브의 개수〉

3)

〈위에서 본 모양〉

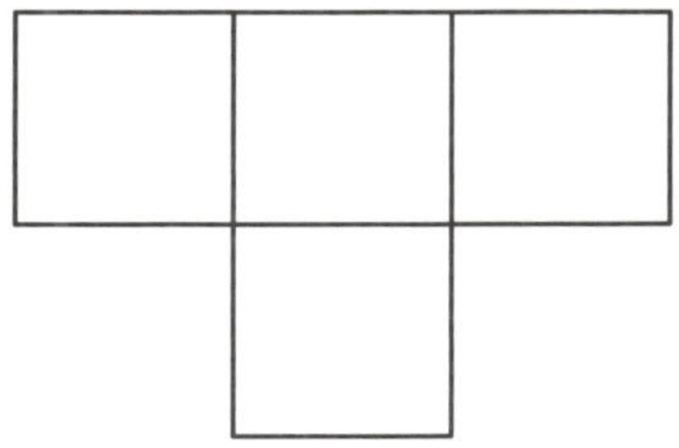

〈큐브의 개수〉

4)

〈위에서 본 모양〉

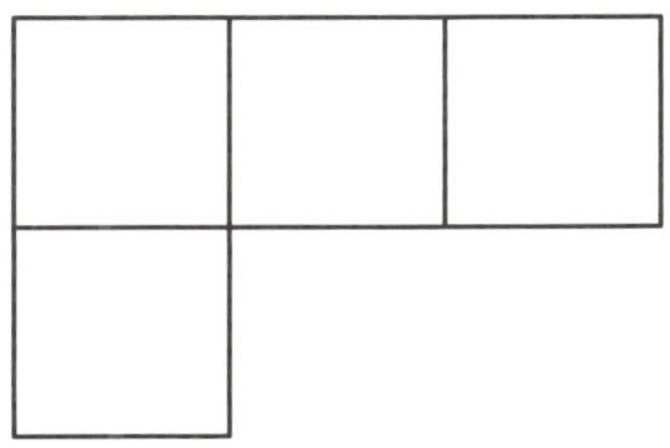

〈큐브의 개수〉

5)

〈위에서 본 모양〉

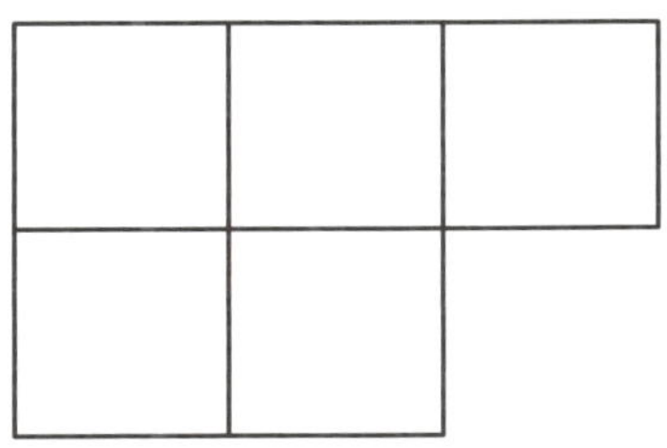

〈큐브의 개수〉

6)

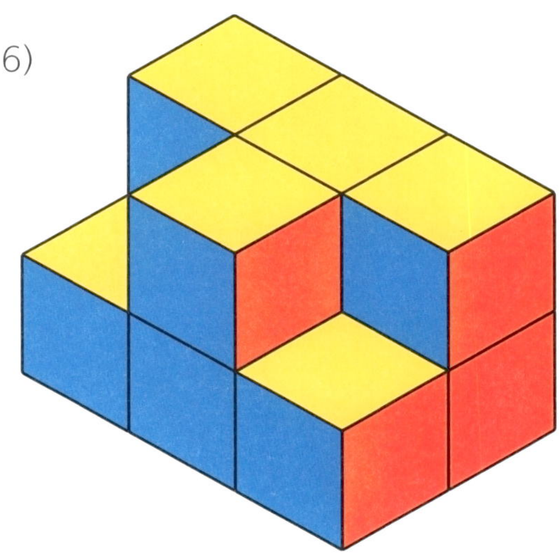

〈위에서 본 모양〉

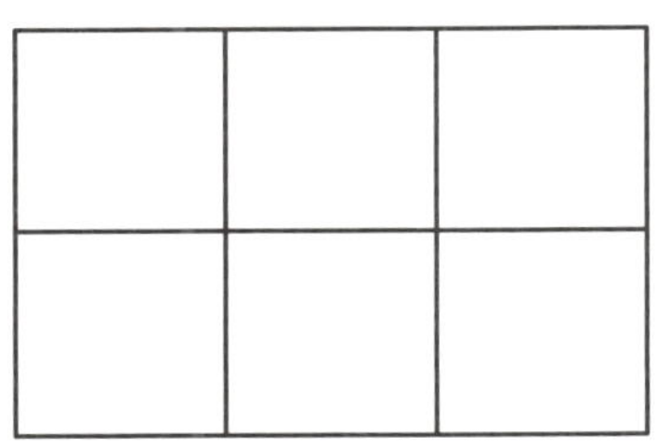

〈큐브의 개수〉

14. 모양 합치기 3

다음 모양을 만들고 합쳐서 아래의 입체 모양을 완성해 보세요.

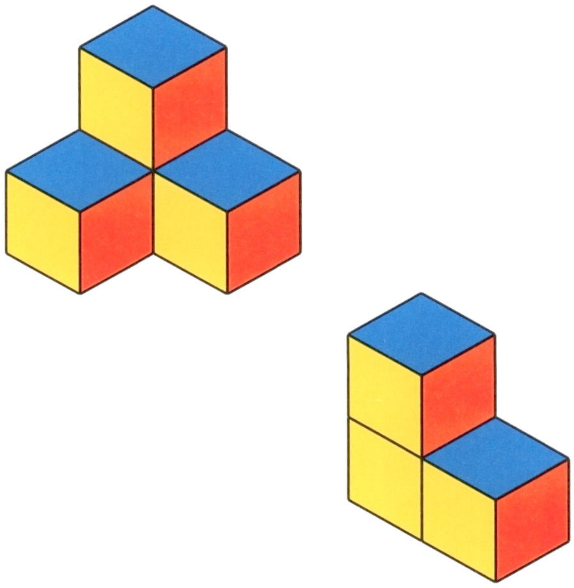

다음 모양을 만들고 합쳐서 아래의 입체 모양을 완성해 보세요.

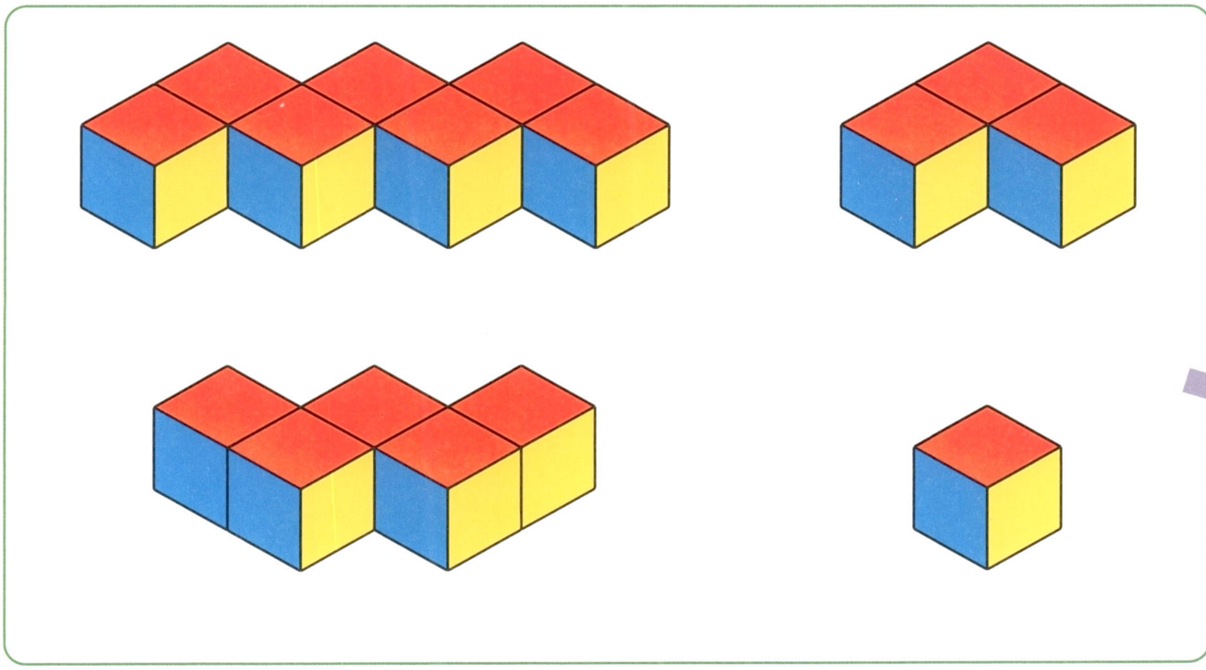

15. 위, 앞, 옆에서 본 모양 2

도형

다음과 같이 위, 앞, 옆에서 본 모양을 약속합니다. 입체 모양을 만들고 위, 앞, 옆에서 본 모양을 찾아보세요.

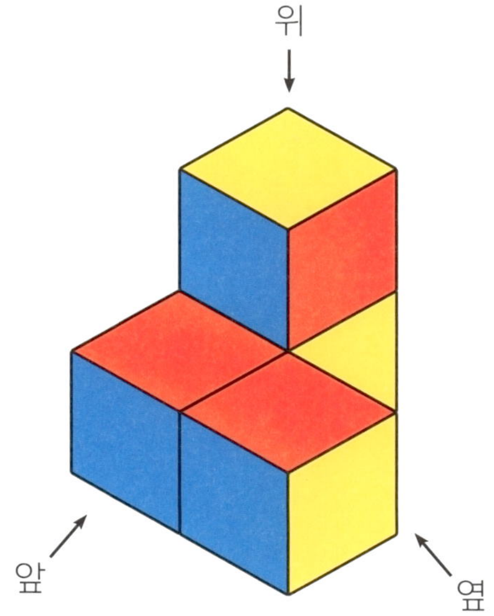

위에서 본 모양	앞에서 본 모양	옆에서 본 모양

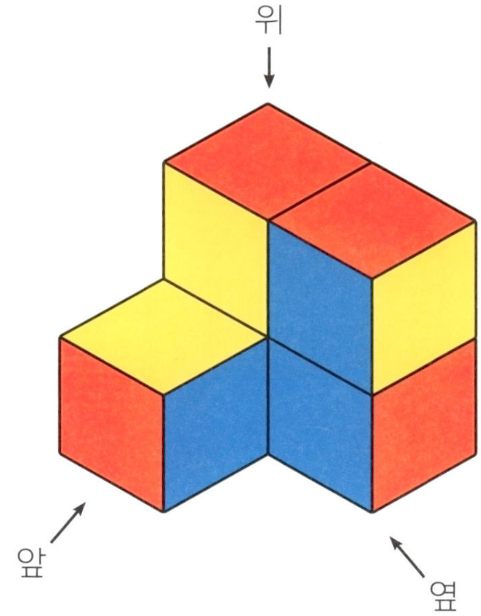

위에서 본 모양	앞에서 본 모양	옆에서 본 모양

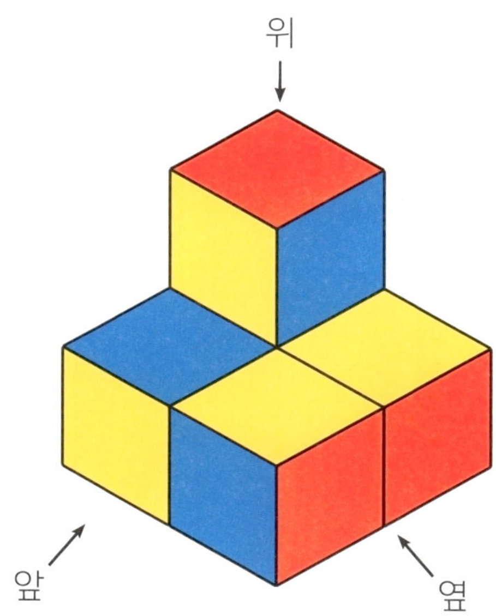

위에서 본 모양	앞에서 본 모양	옆에서 본 모양

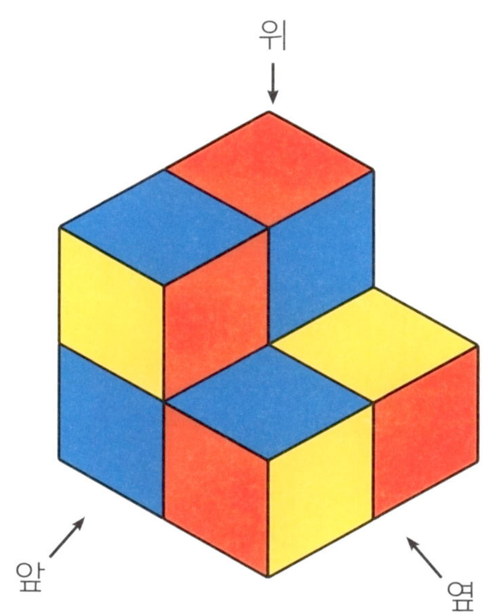

위에서 본 모양	앞에서 본 모양	옆에서 본 모양

①
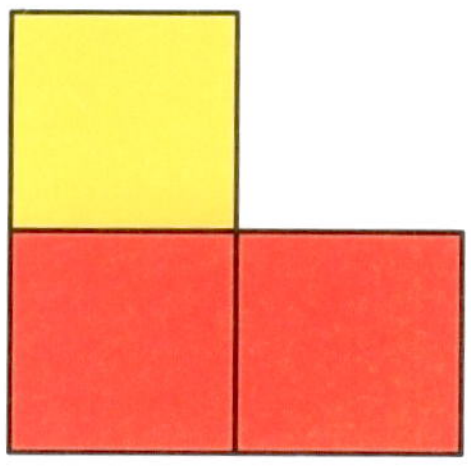

②

③
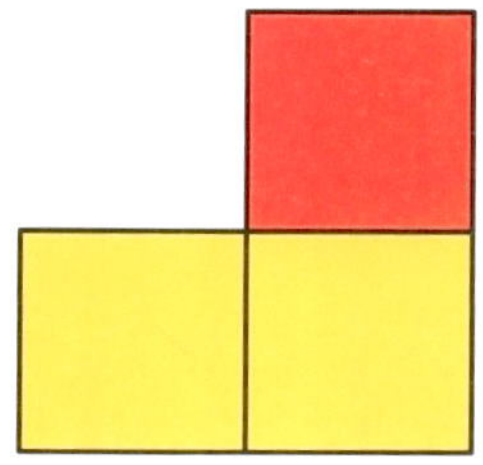

④

⑤

⑥

⑦
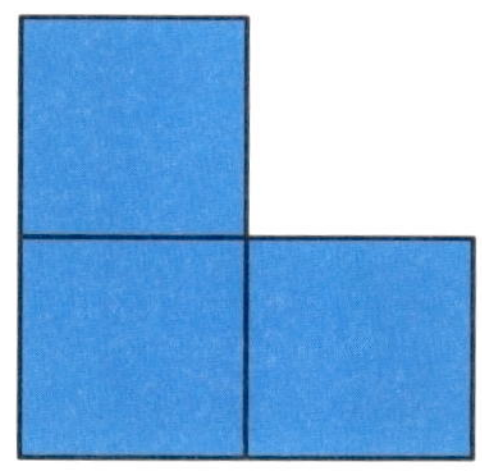

⑧

⑨

⑩

⑪
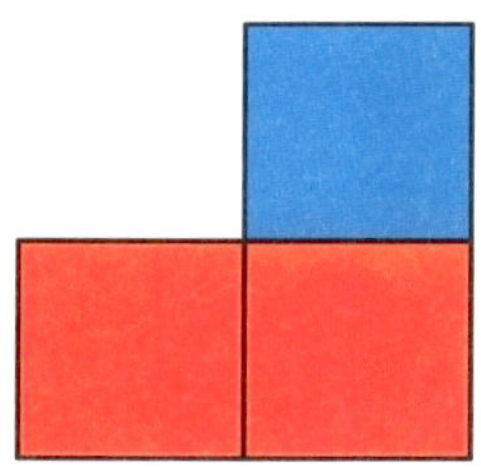

⑫

⑬
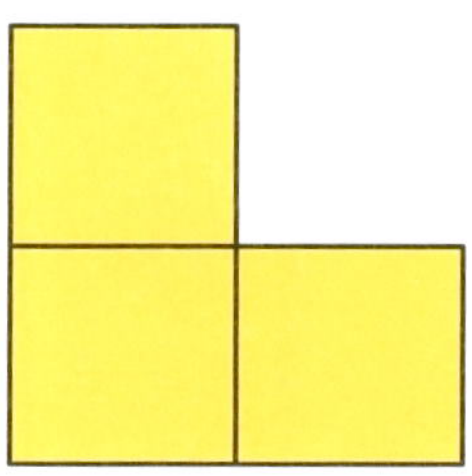

⑭

⑮

⑯

⑰

⑱

⑲

⑳

층별로 쌓아 입체 모양을 만들고 위에서 본 모양을 색칠해 보세요.

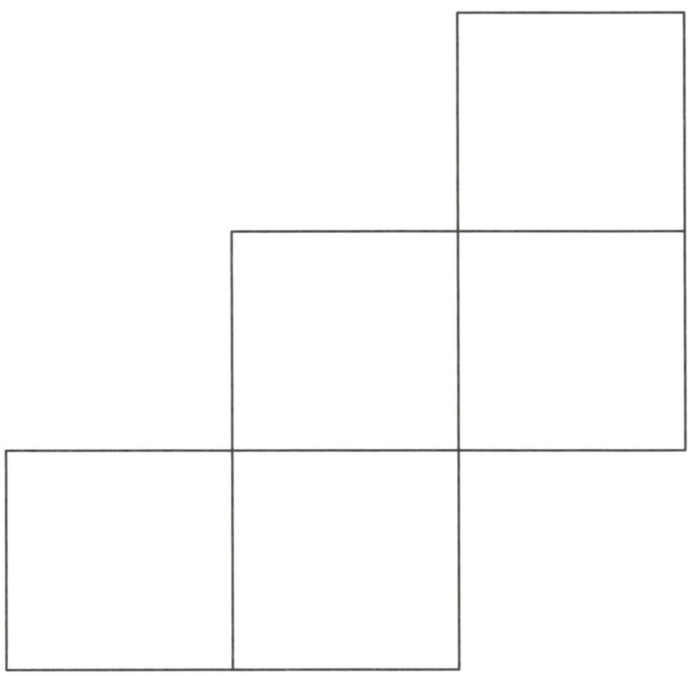

층별로 쌓아 입체 모양을 만들고 위에서 본 모양을 색칠해 보세요.

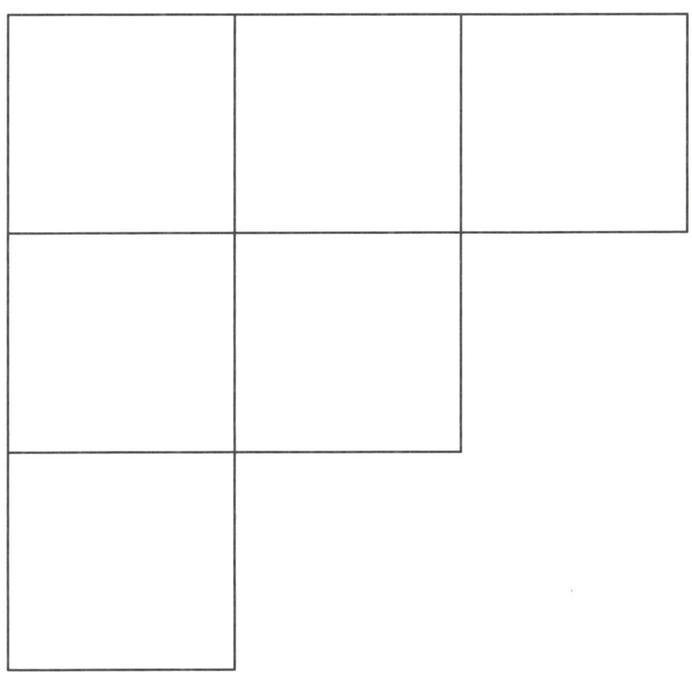

17. 겉면의 색의 개수 1

그림과 같이 큐브를 쌓아보고 겉면에 보이는 색의 개수를 세어보세요.

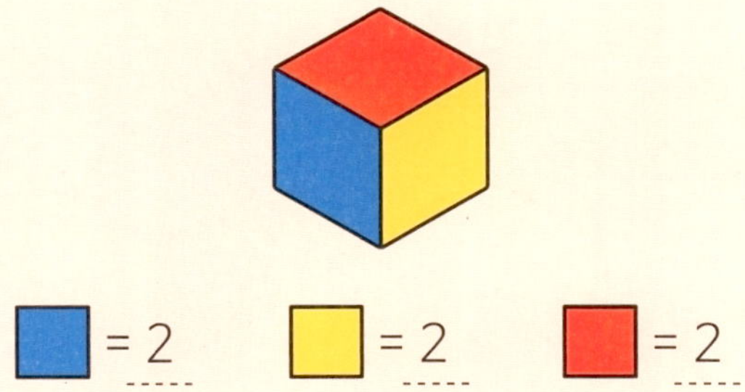

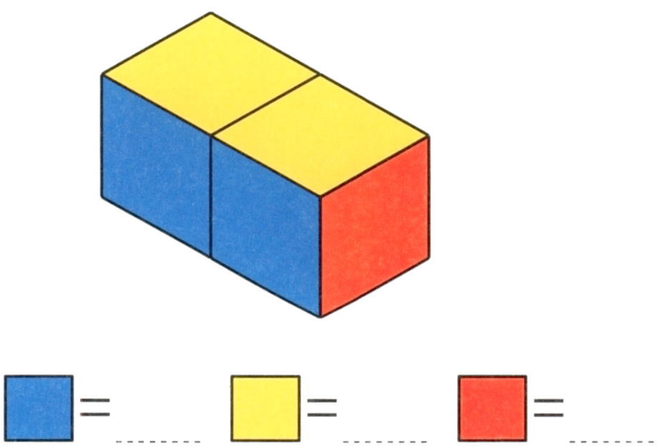

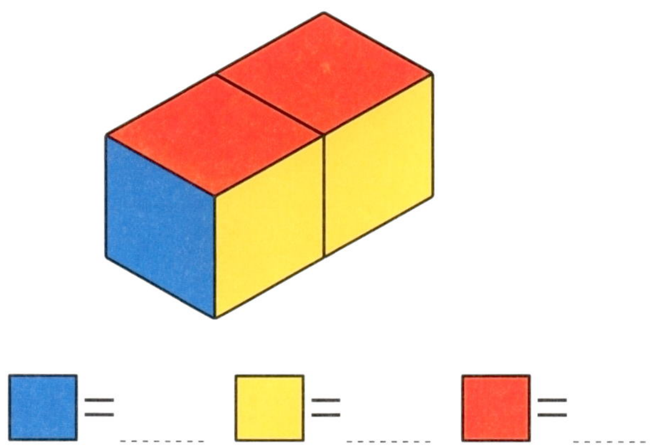

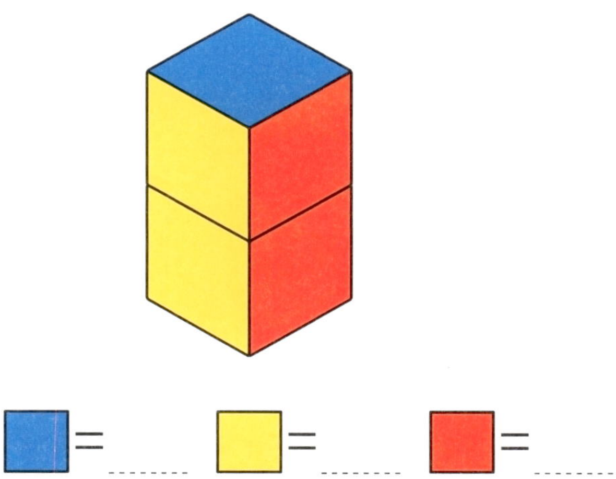

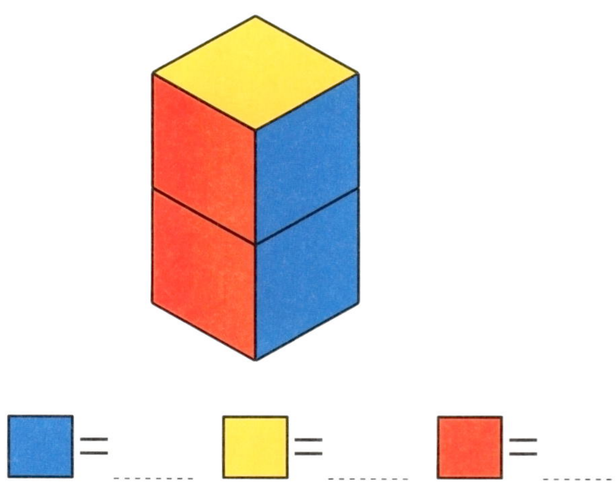

그림과 같이 큐브를 쌓아보고 겉면에 보이는 색의 개수를 세어보세요.

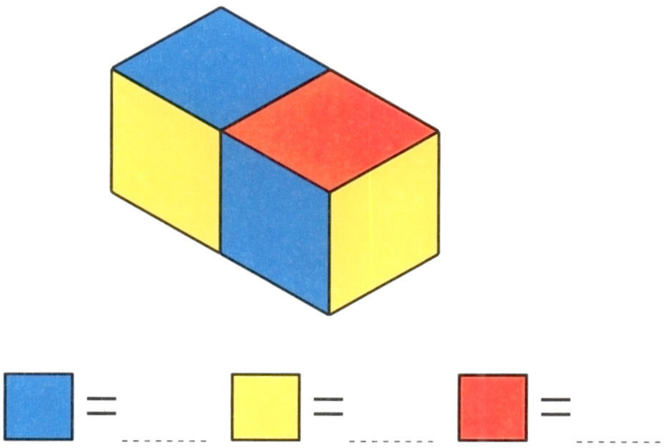

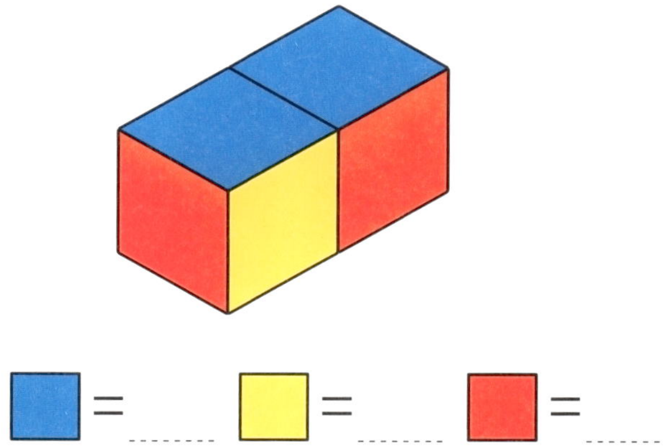

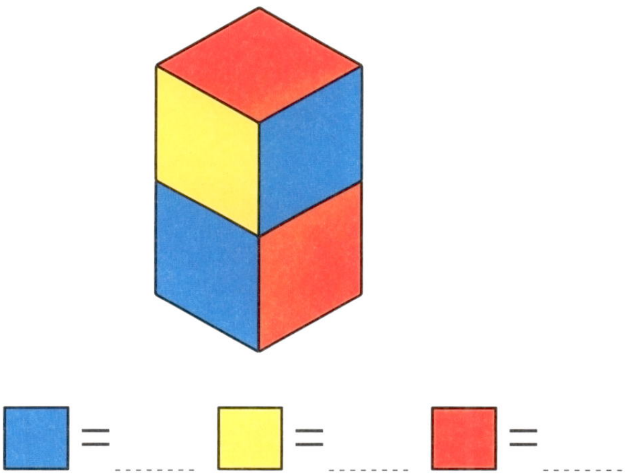

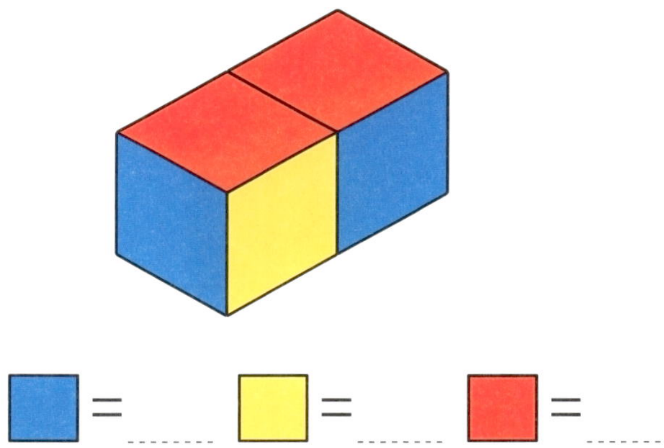

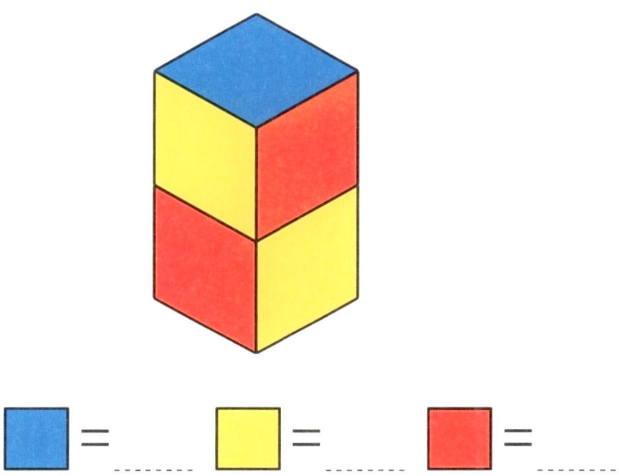

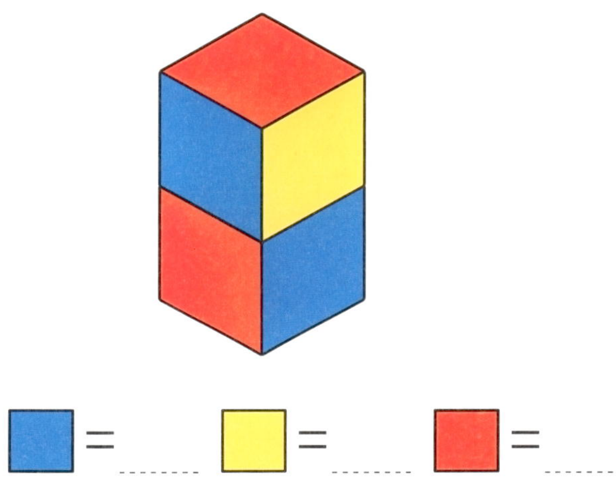

그림과 같이 큐브를 쌓아보고 겉면에 보이는 색의 개수를 세어보세요.

■ = ______ ■ = ______ ■ = ______

■ = ______ ■ = ______ ■ = ______

■ = ______ ■ = ______ ■ = ______

■ = ______ ■ = ______ ■ = ______

■ = ______ ■ = ______ ■ = ______

■ = ______ ■ = ______ ■ = ______

그림과 같이 큐브를 쌓아보고 겉면에 보이는 색의 개수를 세어보세요.

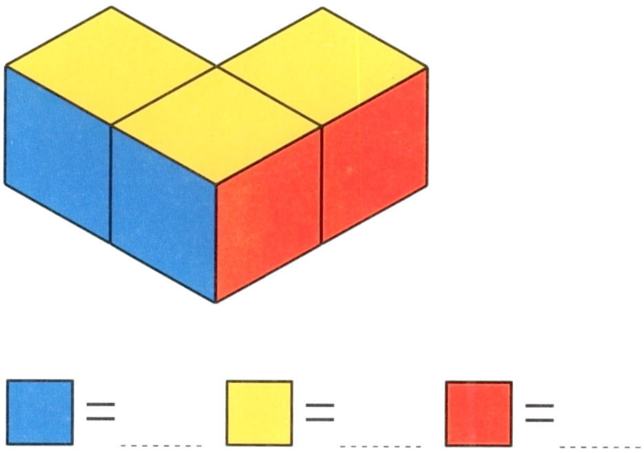

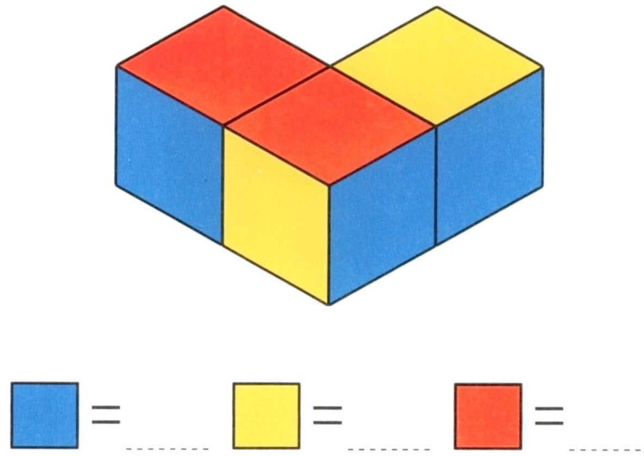

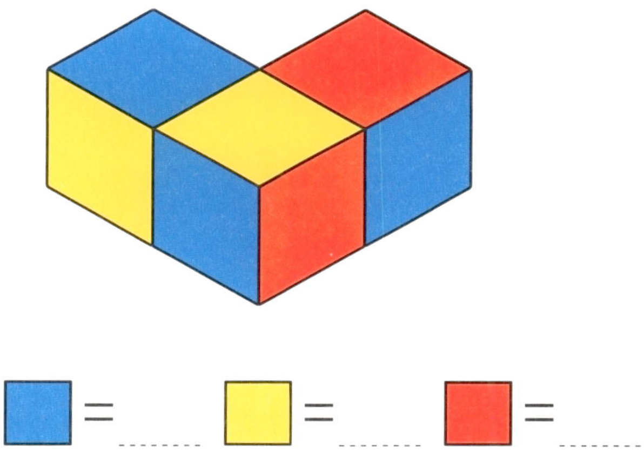

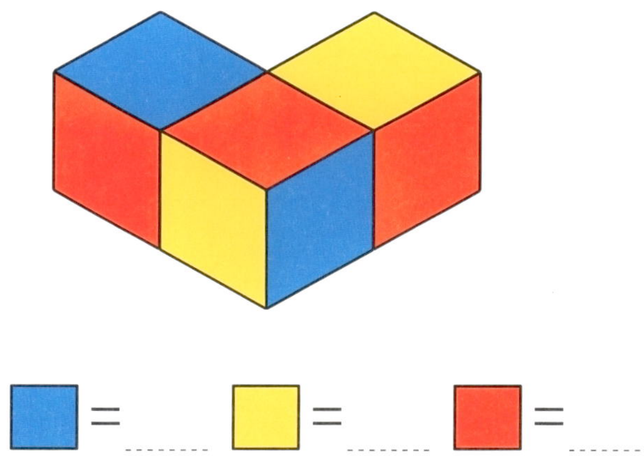

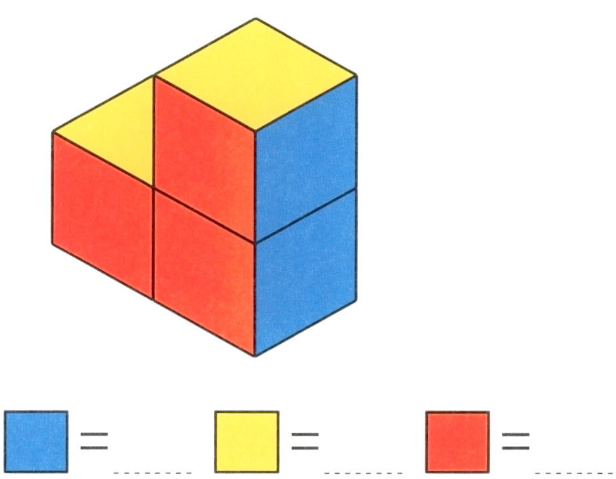

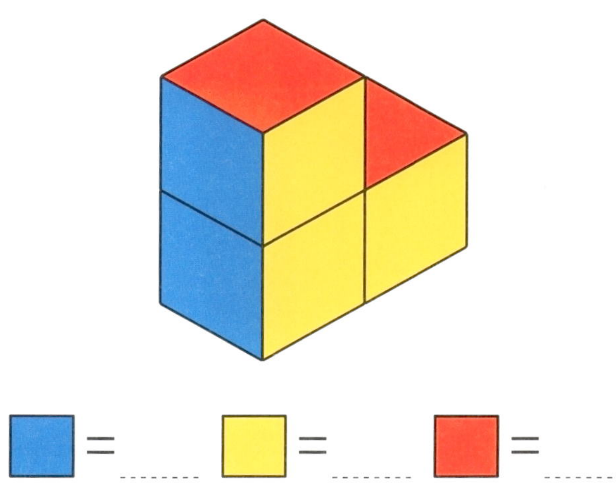

다음 보기와 같이 오른쪽과 아래쪽의 숫자는 각각 가로줄과 세로줄에 있는 큐브 윗면의 색의 개수를 나타냅니다. 그림 위에 주어진 색의 수만큼 3D큐브를 놓아보고 색칠해 보세요.

보기

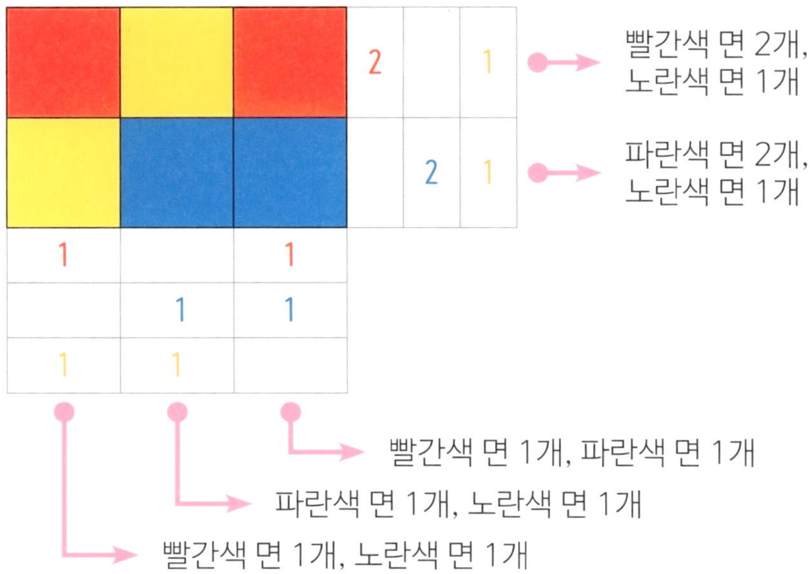

• 숫자의 순서는 색의 위치가 아니고, 빨간색, 파란색, 노란색 면의 개수를 나타낸 것입니다.

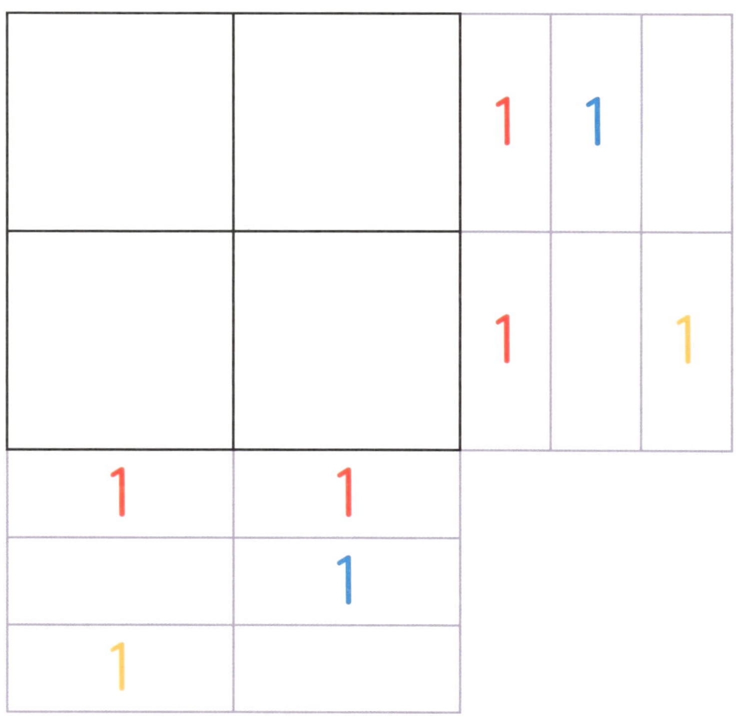

그림 위에 주어진 색의 수만큼 3D큐브를 놓아보고 색칠해 보세요.

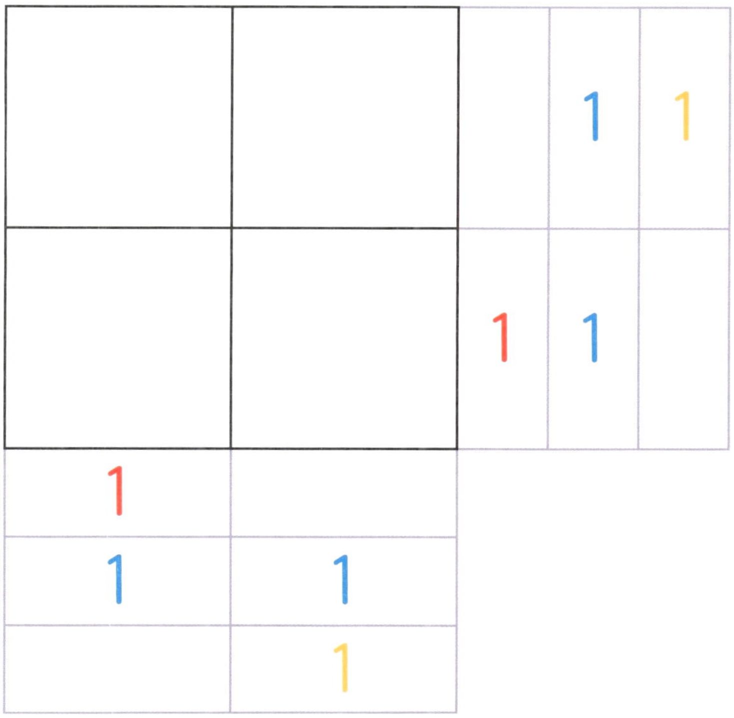

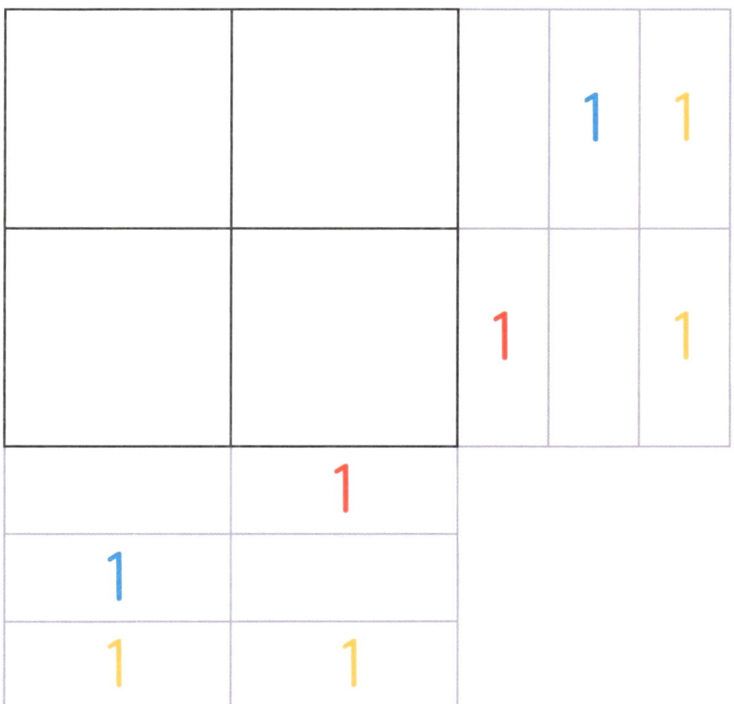

그림 위에 주어진 색의 수만큼 3D큐브를 놓아보고 색칠해 보세요.

			1	2	
			1		2
	1	1			
1		1			
1	1				

			1	1
		1	1	
		1		1
1	1			
1	1			
1	1			

그림 위에 주어진 색의 수만큼 3D큐브를 놓아보고 색칠해 보세요.

			1	2	
			2		1
1	1	1			
1		1			
	1				

			2		1
			1	1	1
			2	1	
3	1	1			
	1	1			
	1	1			

정답 제시된 방법 외에 다양한 답이 나올 수 있습니다.

p.6

1. 3D큐브 익히기

도형

그림처럼 윗면에 빨간색, 파란색, 노란색이 오도록 큐브를 놓았을 때 앞면과 옆면에 어떤 색이 오는지 알아보세요.

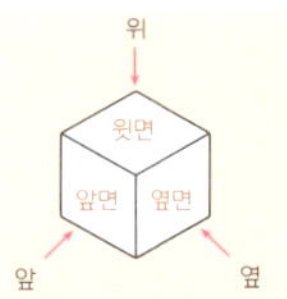

위 방향에서 보았을 때, 보이는 면을 윗면
앞 방향에서 보았을 때, 보이는 면을 앞면
옆 방향에서 보았을 때, 보이는 면을 옆면이라고 약속합니다.

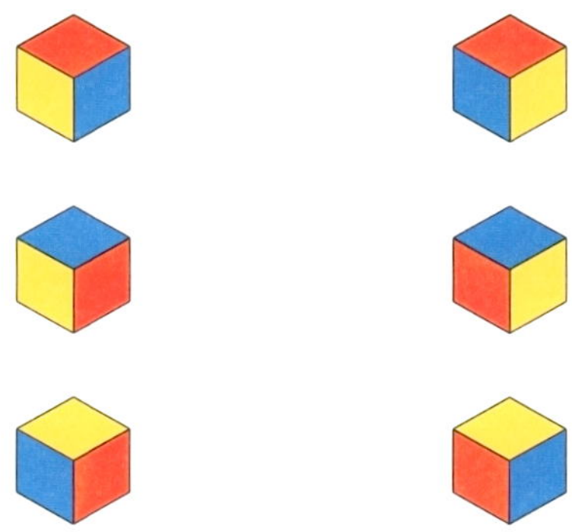

3D큐브에는 몇 가지 색이 있나요? 3가지

6 CHALLENGE STEP 1

p.7

교구 탐색

3D큐브의 모양을 다음과 같이 약속합니다. 바닥면 위에 해당 면을 올려놓고 ○안에 알맞은 색을 칠해보세요.

티칭 가이드 3D큐브에서 마주보는 면의 색이 같음을 알 수 있습니다.

3D큐브 7

p.8

2. 모양 합치기 1

도형

다음 모양을 만들고 1층, 2층, 3층을 정해본 후 아래의 입체 모양을 완성해 보세요.

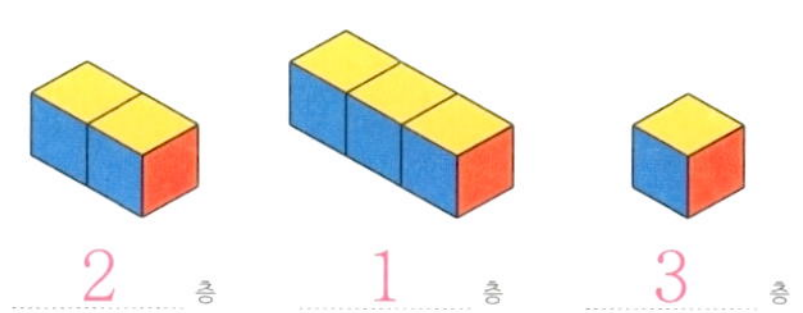

8 CHALLENGE STEP 1

p.9

모양 합치기

다음 모양을 만들고 합쳐서 아래의 입체 모양을 완성해 보세요.

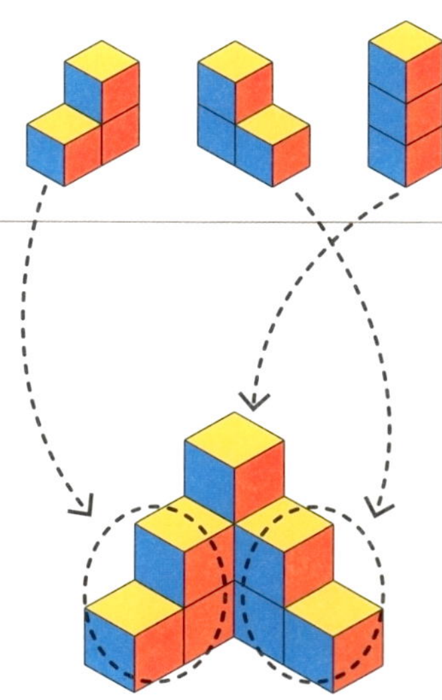

3D큐브 9

제시된 방법 외에 다양한 답이 나올 수 있습니다.

p.10

3. 큐브 더하기

도형

보기와 같이 왼쪽 모양에 큐브를 1개 더 붙여서 오른쪽 모양을 만들었습니다. 오른쪽 모양에서 1개 더 붙인 큐브에 ○하세요. (단, 보이지 않는 곳에는 숨겨진 큐브가 없다고 생각합니다.)

보기

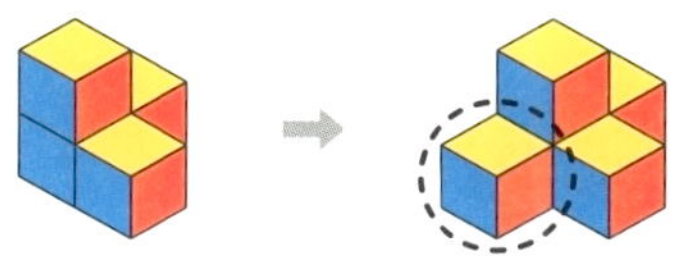

1)

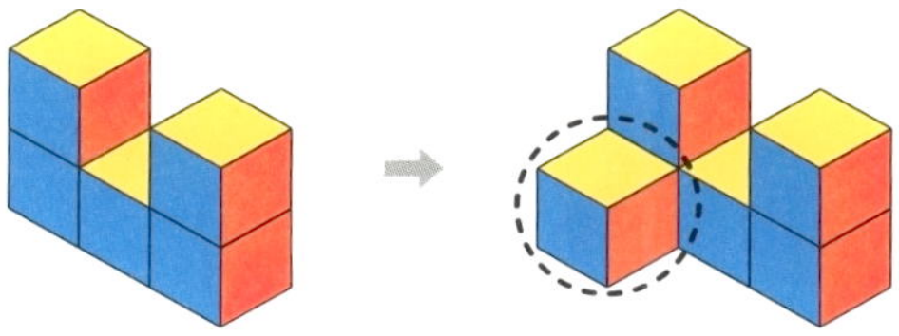

2)

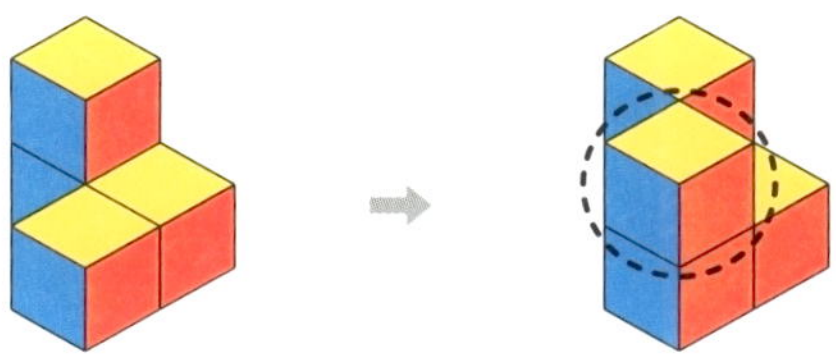

10 CHALLENGE STEP 1

p.11

다른 부분 찾기

3)

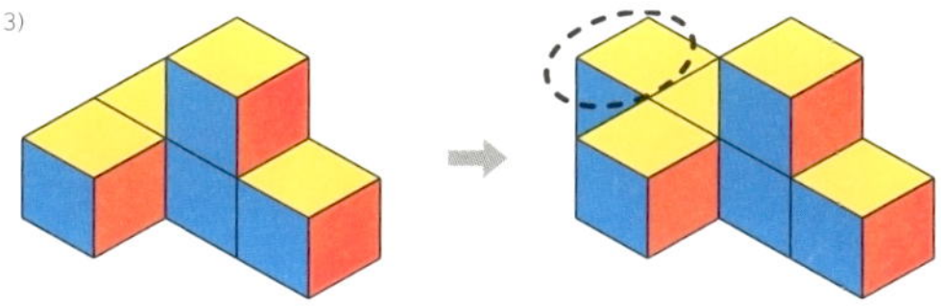

4)

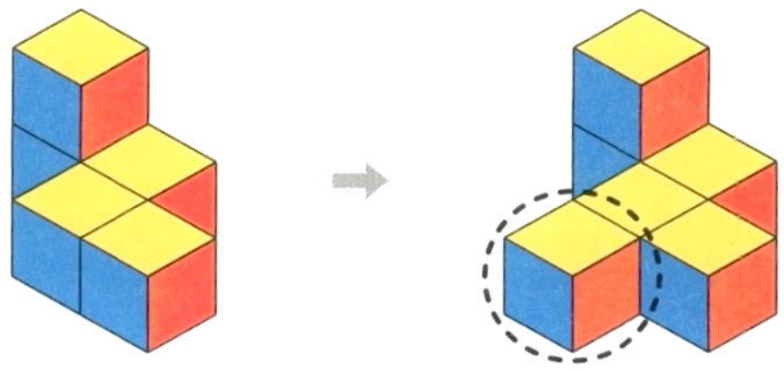

5)

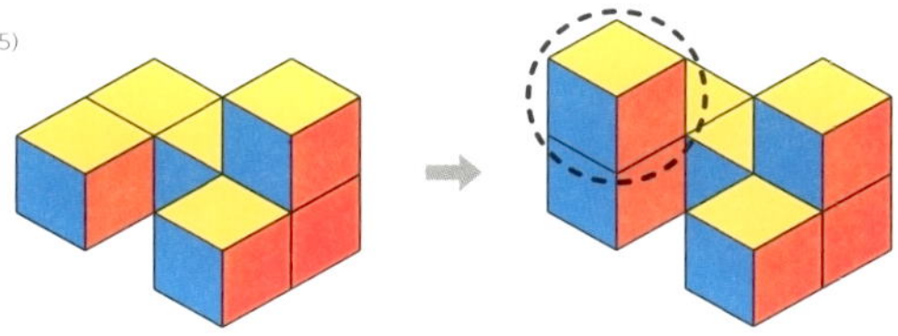

3D큐브 11

p.12

4. 모양 합치기 2

도형

다음 모양을 만들고 1층, 2층, 3층을 정해본 후 아래의 입체 모양을 완성해 보세요.

3 층

2 층

1 층

12 CHALLENGE STEP 1

p.13

모양 합치기

다음 모양을 만들고 합쳐서 아래의 입체 모양을 완성해 보세요.

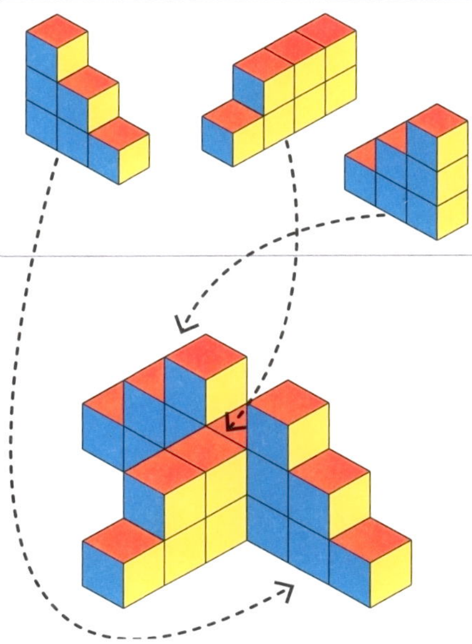

3D큐브 13

정답 제시된 방법 외에 다양한 답이 나올 수 있습니다.

p.14

5. 모양 만들고 개수 세기 1

수와 연산

다음 모양을 만들고 3D큐브가 몇 개인지 세어보세요.

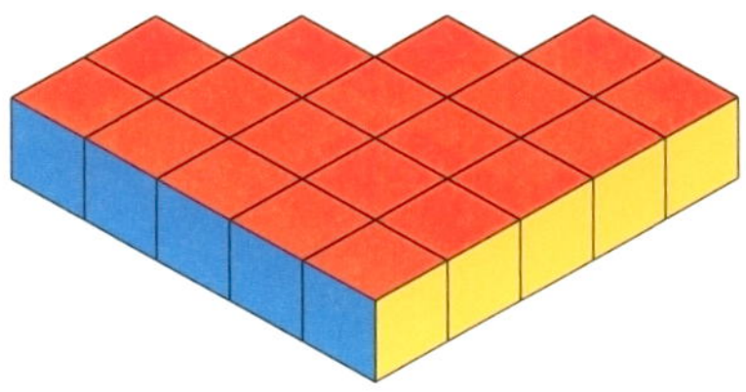

19 개

p.15

모양 만들고 수세기

다음 모양을 만들고 3D큐브가 몇 개인지 세어보세요.

20 개

p.16

6. 모양 만들고 개수 세기 2

수와 연산

다음 모양을 만들고 3D큐브가 몇 개인지 세어보세요.

20 개

p.17

모양 만들고 수세기

다음 모양을 만들고 3D큐브가 몇 개인지 세어보세요.

19 개

제시된 방법 외에 다양한 답이 나올 수 있습니다.

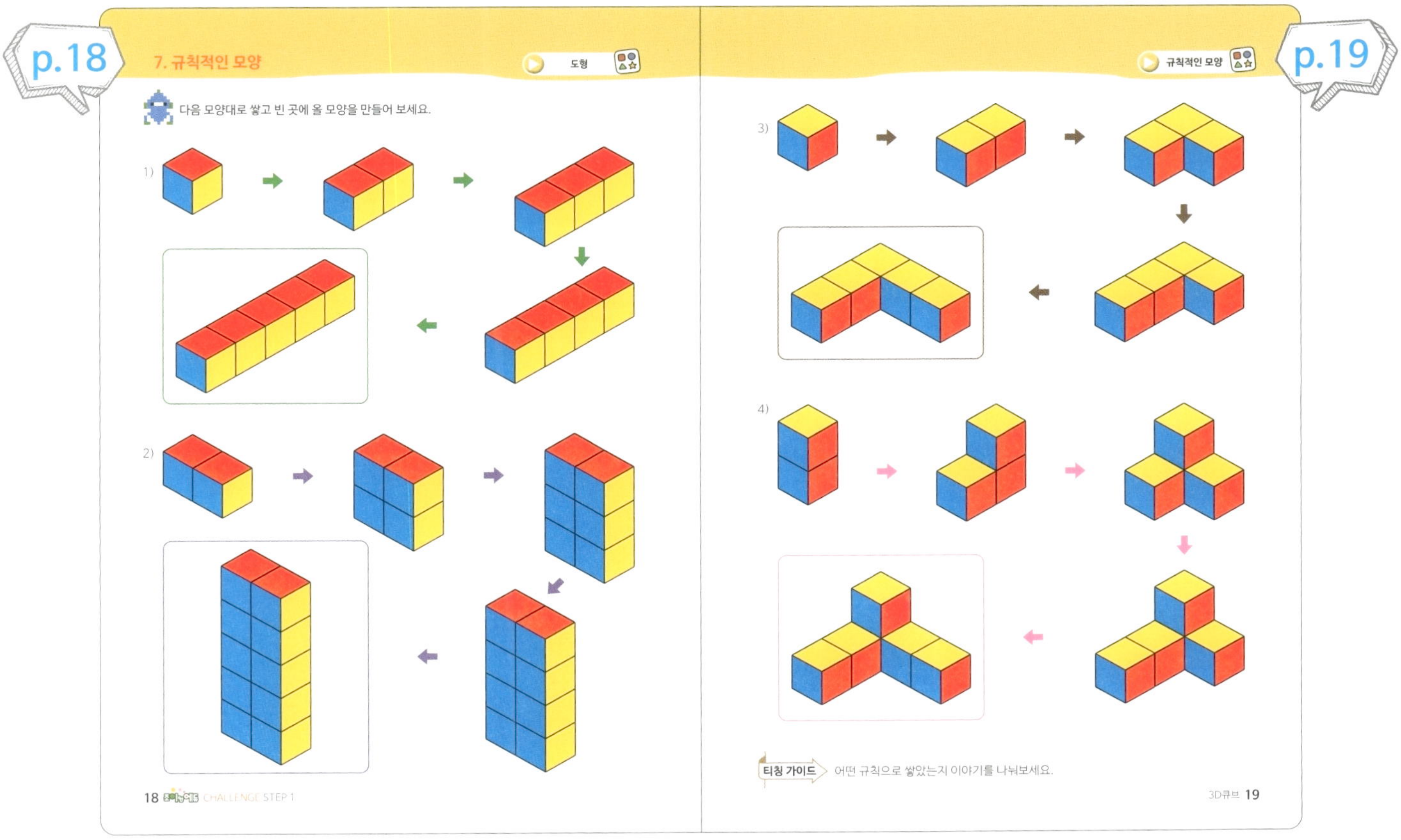

p.18

7. 규칙적인 모양

도형

다음 모양대로 쌓고 빈 곳에 올 모양을 만들어 보세요.

1)

2)

18 CHALLENGE STEP 1

p.19

규칙적인 모양

3)

4)

티칭 가이드 어떤 규칙으로 쌓았는지 이야기를 나눠보세요.

3D큐브 19

p.20

8. 큐브 굴리기 1

규칙성

다음 방법대로 큐브를 굴리고, 바닥면의 색의 규칙을 알아보세요.

방법

1. 큐브 1개를 보기처럼 놓습니다.
2. 큐브를 오른쪽 옆으로 굴렸을 때 바닥면을 색칠합니다.
3. 어떤 규칙인지 이야기해 보세요.

파랑 - 빨강이 반복되요.

오른쪽으로 굴리기

놓기

파랑-노랑이 반복

오른쪽으로 굴리기

놓기

빨강-노랑이 반복

20 CHALLENGE STEP 1

p.21

규칙 알기

다음 방법대로 큐브를 굴리고, 바닥면의 색의 규칙을 알아보세요.

앞으로 굴리기	앞으로 굴리기	앞으로 굴리기
놓기	놓기	놓기
노랑-빨강이 반복	파랑-노랑이 반복	빨강-파랑이 반복

티칭 가이드 규칙을 말로 이야기하고 써보는 연습을 합니다.

3D큐브 21

정답 제시된 방법 외에 다양한 답이 나올 수 있습니다.

p.22

9. 큐브 굴리기 2

규칙성

다음 방법대로 큐브를 굴리고, 바닥면의 색의 규칙을 알아보세요.

오른쪽 또는 앞으로 굴리기

파랑-빨강-노랑이 반복

p.23

규칙 알기

다음 방법대로 큐브를 굴리고, 바닥면의 색의 규칙을 알아보세요.

앞 또는 오른쪽으로 굴리기

노랑-빨강-파랑이 반복

p.24

10. 위, 앞, 옆에서 본 모양 1

도형

다음과 같이 위, 앞, 옆에서 본 모양을 약속합니다. 입체 모양을 만들고 위, 앞, 옆에서 본 모양을 찾아보세요.

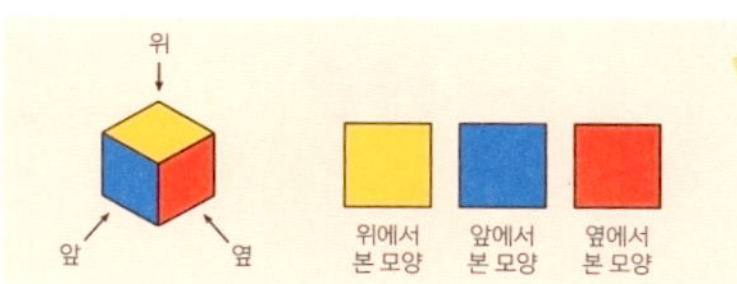

위에서 본 모양	앞에서 본 모양	옆에서 본 모양
⑩	⑪	③

위에서 본 모양	앞에서 본 모양	옆에서 본 모양
④	⑥	⑦

위에서 본 모양	앞에서 본 모양	옆에서 본 모양
②	⑧	④

위에서 본 모양	앞에서 본 모양	옆에서 본 모양
③	②	⑤

p.25

위, 앞, 옆 활동

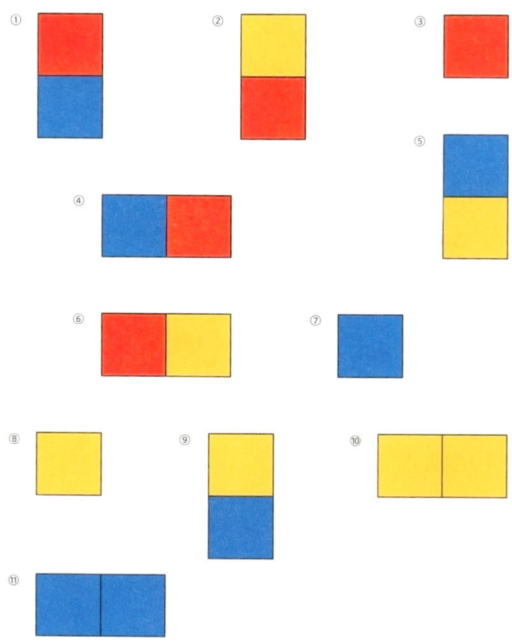

제시된 방법 외에 다양한 답이 나올 수 있습니다.

p.26

11. 조건에 맞게 놓기

자료와 가능성

다음 조건에 맞게 놓아보고, 색칠해 보세요.

조건

앞에서 보았을 때의 색이 모두 같도록 놓습니다.

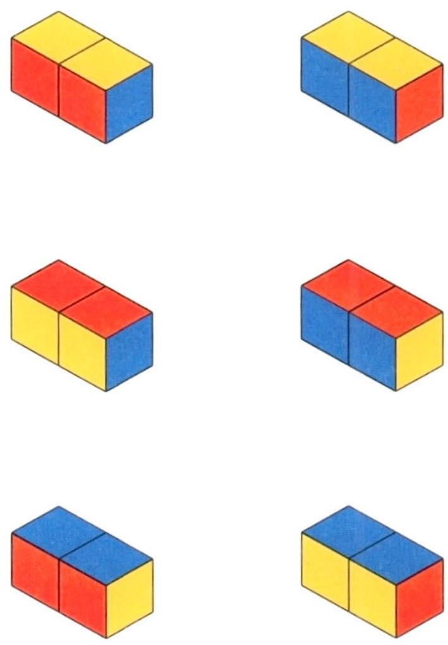

p.27

경우의 수

다음 조건에 맞게 놓아보고, 색칠해 보세요.

조건

위에서 본 색은 다음과 같습니다.
앞에서 보았을 때의 색이 모두 같도록 놓습니다.

p.28

12. 위에서 본 모양 1

도형

층별로 쌓아 입체 모양을 만들고 위에서 본 모양을 색칠해 보세요.

p.29

위에서 본 모양

층별로 쌓아 입체 모양을 만들고 위에서 본 모양을 색칠해 보세요.

정답 제시된 방법 외에 다양한 답이 나올 수 있습니다.

p.30

13. 큐브 개수 세기

도형

다음 입체 모양을 큐브 몇 개로 만들었는지 세어보세요.

보기

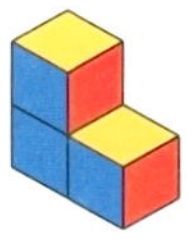

〈위에서 본 모양〉

2	1

〈큐브의 개수〉 3개

1)

〈위에서 본 모양〉

1	1	1
	1	

〈큐브의 개수〉 4개

2)

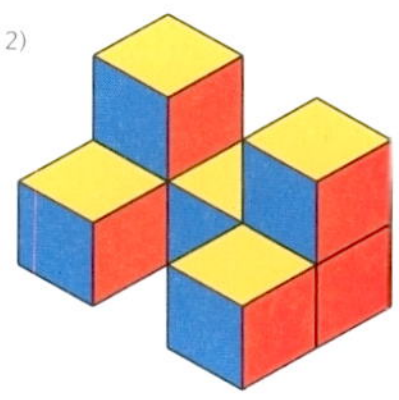

〈위에서 본 모양〉

2	1	2
1		1

〈큐브의 개수〉 7개

p.31

쌓기나무의 개수

3)

〈위에서 본 모양〉

1	2	1
	1	

〈큐브의 개수〉 5개

4)

〈위에서 본 모양〉

2	2	2
1		

〈큐브의 개수〉 7개

5)

〈위에서 본 모양〉

2	2	1
1	1	

〈큐브의 개수〉 7개

6)

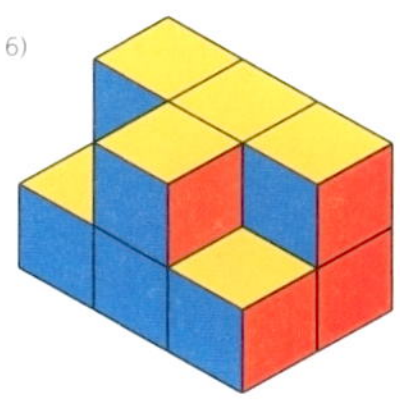

〈위에서 본 모양〉

2	2	2
1	2	1

〈큐브의 개수〉 10개

p.32

14. 모양 합치기 3

도형

다음 모양을 만들고 합쳐서 아래의 입체 모양을 완성해 보세요.

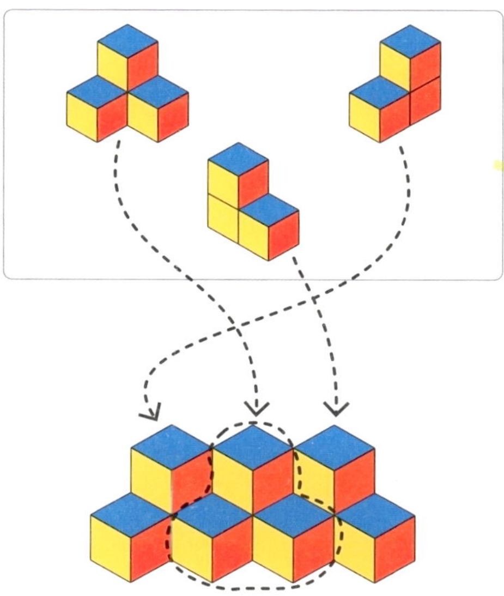

p.33

모양 합치기

다음 모양을 만들고 합쳐서 아래의 입체 모양을 완성해 보세요.

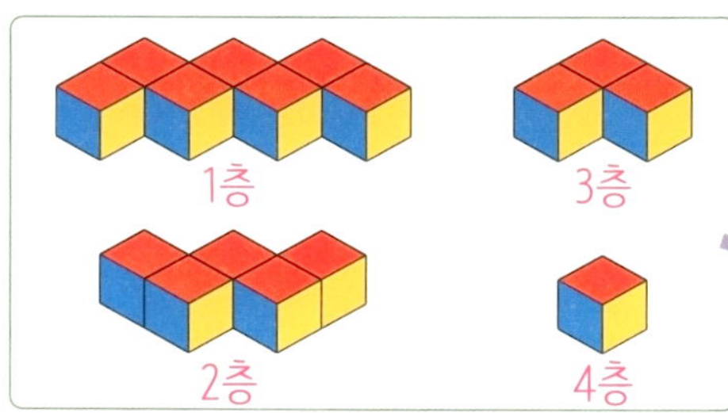

제시된 방법 외에 다양한 답이 나올 수 있습니다.

p.34

15. 위, 앞, 옆에서 본 모양 2

도형

다음과 같이 위, 앞, 옆에서 본 모양을 약속합니다. 입체 모양을 만들고 위, 앞, 옆에서 본 모양을 찾아보세요.

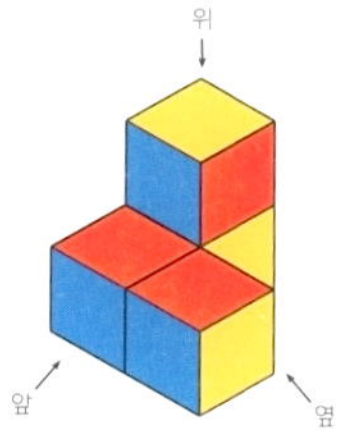

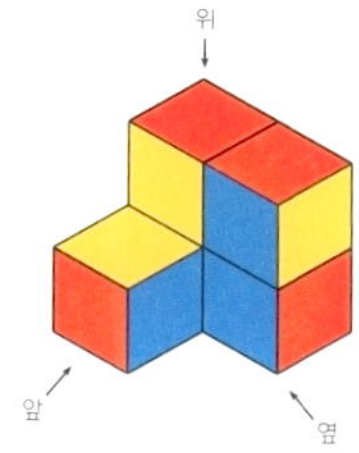

위에서 본 모양	앞에서 본 모양	옆에서 본 모양
①	⑦	③

위에서 본 모양	앞에서 본 모양	옆에서 본 모양
④	⑳	②

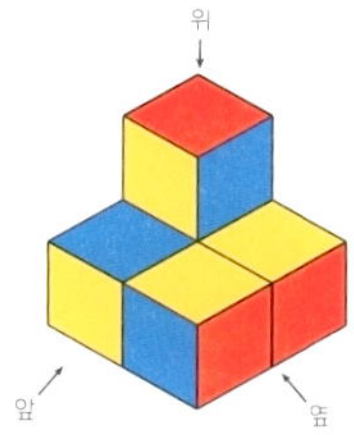

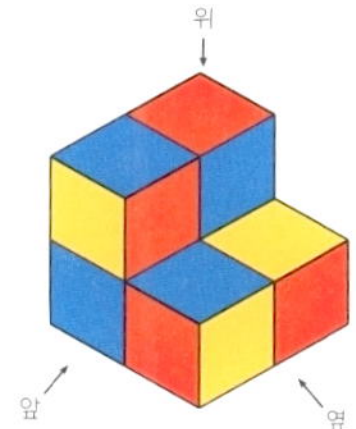

위에서 본 모양	앞에서 본 모양	옆에서 본 모양
⑰	⑤	⑪

위에서 본 모양	앞에서 본 모양	옆에서 본 모양
⑯	⑩	⑱

34 CHALLENGE STEP 1

p.35

위, 앞, 옆 활동

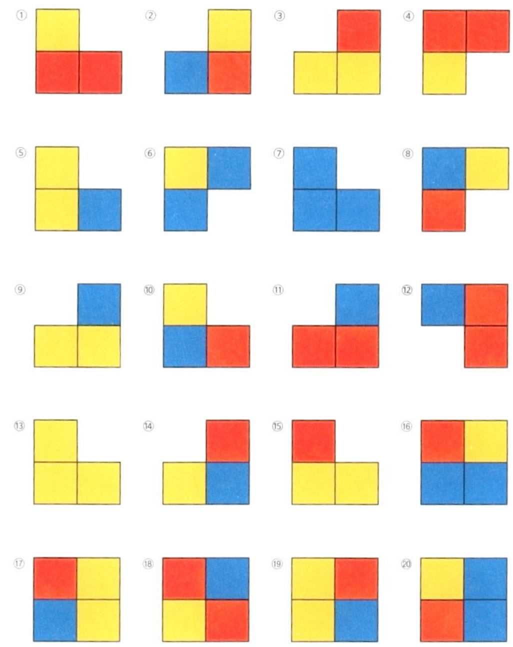

3D큐브 35

p.36

16. 위에서 본 모양 2

도형

층별로 쌓아 입체 모양을 만들고 위에서 본 모양을 색칠해 보세요.

36 CHALLENGE STEP 1

p.37

위에서 본 모양

층별로 쌓아 입체 모양을 만들고 위에서 본 모양을 색칠해 보세요.

3D큐브 37

정답 제시된 방법 외에 다양한 답이 나올 수 있습니다.

p.38

17. 겉면의 색의 개수 1

측정

그림과 같이 큐브를 쌓아보고 겉면에 보이는 색의 개수를 세어보세요.

🟦 = 2 🟨 = 2 🟥 = 2

🟦 = 4 🟨 = 4 🟥 = 2

🟦 = 2 🟨 = 4 🟥 = 4

🟦 = 2 🟨 = 4 🟥 = 4

🟦 = 4 🟨 = 2 🟥 = 4

p.39

겉면의 개수

그림과 같이 큐브를 쌓아보고 겉면에 보이는 색의 개수를 세어보세요.

🟦 = 4 🟨 = 3 🟥 = 3

🟦 = 4 🟨 = 3 🟥 = 3

🟦 = 4 🟨 = 3 🟥 = 3

🟦 = 3 🟨 = 3 🟥 = 4

🟦 = 2 🟨 = 4 🟥 = 4

🟦 = 4 🟨 = 3 🟥 = 3

p.40

18. 겉면의 색의 개수 2

측정

그림과 같이 큐브를 쌓아보고 겉면에 보이는 색의 개수를 세어보세요.

🟦 = 6 🟨 = 2 🟥 = 6

🟦 = 6 🟨 = 6 🟥 = 2

🟦 = 5 🟨 = 5 🟥 = 4

🟦 = 5 🟨 = 4 🟥 = 5

🟦 = 6 🟨 = 5 🟥 = 3

🟦 = 5 🟨 = 6 🟥 = 3

p.41

겉면의 개수

그림과 같이 큐브를 쌓아보고 겉면에 보이는 색의 개수를 세어보세요.

🟦 = 4 🟨 = 6 🟥 = 4

🟦 = 5 🟨 = 4 🟥 = 5

🟦 = 5 🟨 = 5 🟥 = 4

🟦 = 4 🟨 = 4 🟥 = 6

🟦 = 4 🟨 = 4 🟥 = 6

🟦 = 4 🟨 = 6 🟥 = 4

제시된 방법 외에 다양한 답이 나올 수 있습니다.

p.42

19. 색배열퍼즐 1

규칙성

다음 보기와 같이 오른쪽과 아래쪽의 숫자는 각각 가로줄과 세로줄에 있는 큐브 윗면의 색의 개수를 나타냅니다. 그림 위에 주어진 색의 수만큼 3D큐브를 놓아보고 색칠해 보세요.

보기

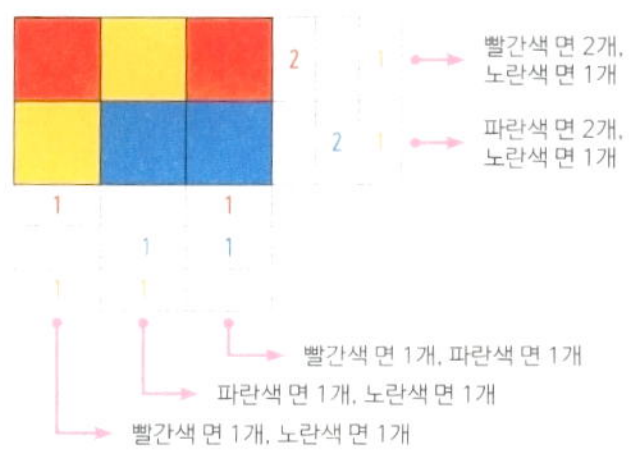

• 숫자의 순서는 색의 위치가 아니고, 빨간색, 파란색, 노란색 면의 개수를 나타낸 것입니다.

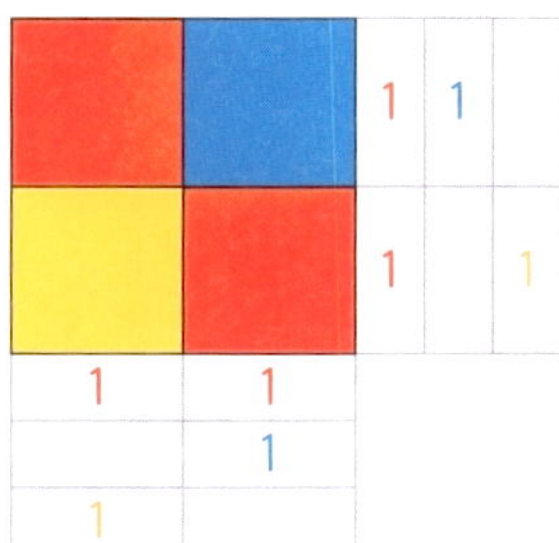

p.43

문제 해결

그림 위에 주어진 색의 수만큼 3D큐브를 놓아보고 색칠해 보세요.

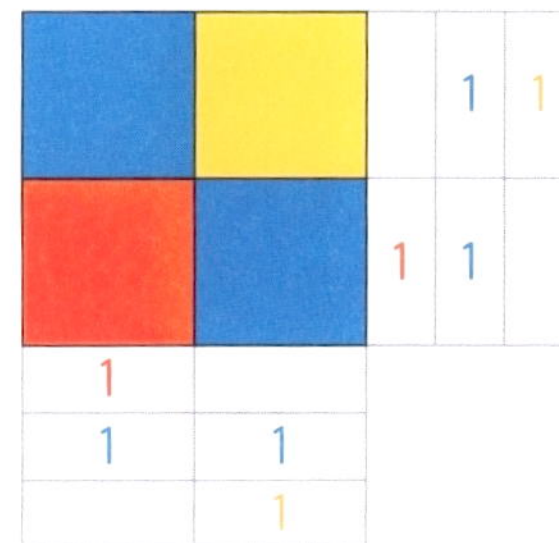

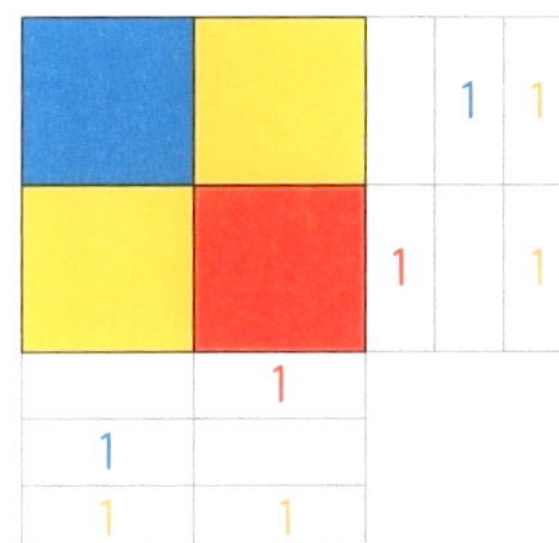

p.44

20. 색배열퍼즐 2

규칙성

그림 위에 주어진 색의 수만큼 3D큐브를 놓아보고 색칠해 보세요.

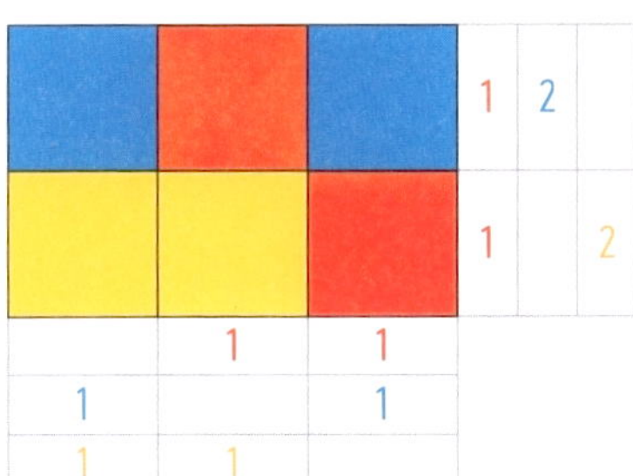

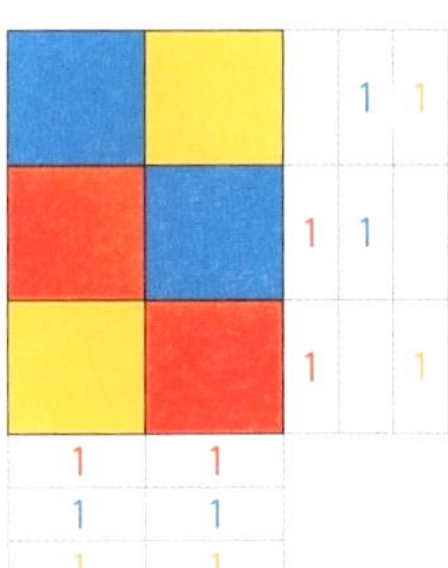

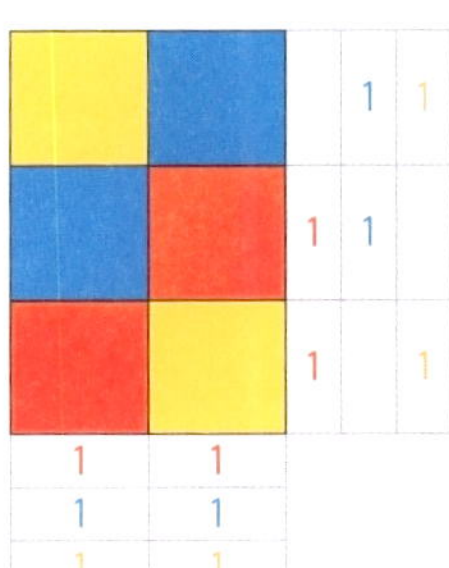

p.45

문제 해결

그림 위에 주어진 색의 수만큼 3D큐브를 놓아보고 색칠해 보세요.

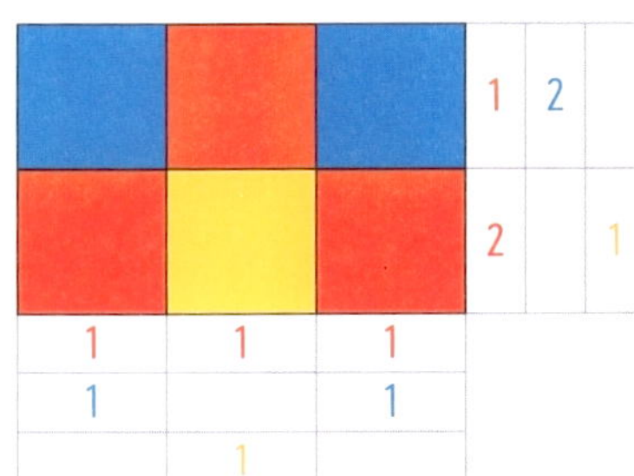

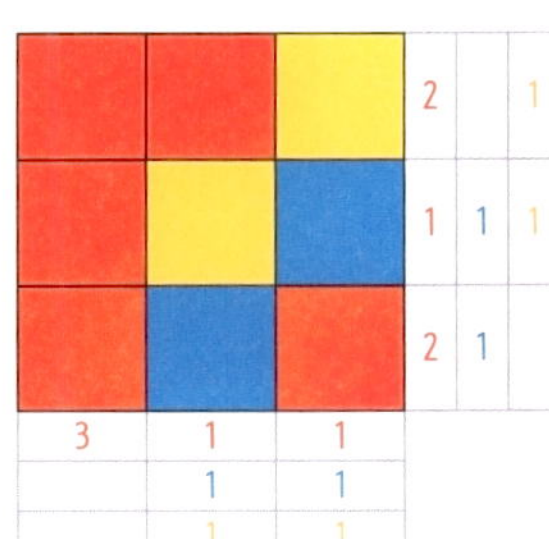

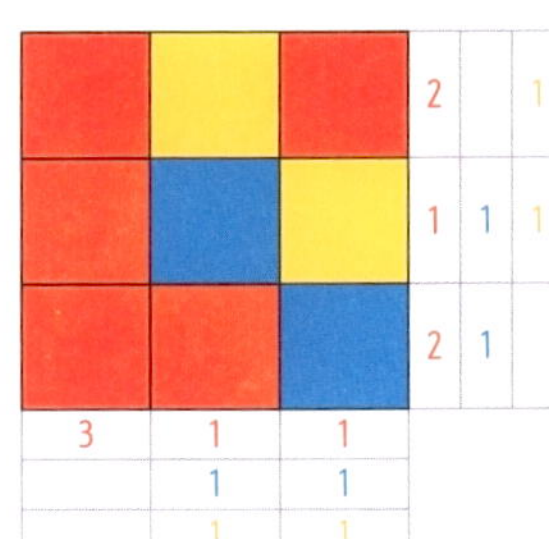

MEMO